U0038053

女性主義

FEMINISMUS

21世紀公民的思辨課

Julianne Frisse

朱莉安娜．弗里澤——著　趙崇任——譯

推薦序——

女性主義的敲門磚

台北市議員／**苗博雅**

「女性主義」是近年名列前茅的網路引戰關鍵字。除了女性主義本身帶有的基進性（在反對者看來就是爭議性）必然引發正反意見，更因為女性主義的多義性、多元性（在反對者看來是定義不明），經常讓參與討論的各方在進入議題實質討論前，就因為對女性主義的定義和詮釋不同而吵得不可開交。

經歷一輪發散而令人疲憊的辯論後，女性主義的擁護者經常列出長串書單供對方參考，希望能夠弭平資訊落差，讓討論往更聚焦的方向進行。只可惜，常被提及的女性主義著作，不論學術或通俗，多數都是經典長篇之作，需要投資大量時間精力加以閱讀理解，並不適合多數大眾。開書單的做法，往往沒有實質效益，反而只能得到「傲慢、掉書袋」之譏評。

女性主義的討論容易引戰，某程度上代表女性主義的研究與探討有其市場。然而，這個市場目前最欠缺的，不是精湛宏大的磚頭書，而是基本、通俗、易懂的基礎概念介紹。華語出版界引進《21世紀公民的思辨課：女性主義》是恰如其分地回應了「對女性主義有興趣但不了解」的讀者之需求。

「簡潔易讀」是本書最大的優點。以女性主義簡史開頭，接著分論諸多生活化的性別議題，最後以女性主義的實踐結尾。短短篇幅就完成起承轉合，連「反對女性主義」的聲音也有呈現。行文簡潔、用詞簡單，只要具備中學程度的閱讀能力，就能利用生活中各種閒暇時間享受本書。對「有興趣、沒時間」的讀者而言，是非常優質的入門讀物。

或許是作者出身於新聞界，對社會脈動有清晰的嗅覺，因而本書對女性主義的論述，是相當有「時代感」。經典著作雖然深刻雋永，但對初學入門者而言往往有不知今夕是何夕的感受。本書運用大量的當代生活議題，例如超模選秀、時尚產業、網際網路等，讓讀者得以從日常生活學習女性主義觀點，彰顯了女性主義的實用與歷久彌新，相信可以提升讀者對女性主義的興趣。

而使本書別具特色的是，即使篇幅非常短，作者也有意識地對一些常見的疑惑作出回應，深入淺出地解說各種常見對女性主義的誤解。從前言就開宗明義提問「我們今天還需要女性主義嗎？」回應了「性別已經很平等，不需要再強調女性主義」的說法。繼而挑戰 #MeToo 運動、同工同酬、人工流產、性行為知情同意、性別保障名額、育兒責任等所謂「高爭議性」的議題。且在行文之間簡潔扼要地提出論證，雖然受限篇幅無法面面俱到，已足以使讀者認識作者的基本立場，作為後續思辨的基礎。

基於上述特色，本書非常適合所有想開始了解女性主義的讀者。中學教師也可以採用本書為教學參考，搭配具體案例為學生做導讀。就實用性而言，也非常適合致力於推廣女性主義理念的朋友們，作為與初學者溝通的指南。例如第十四章的「女性主義小抄」文字精簡扼要，相信曾經在網路上與人筆戰性別議題的朋友，肯定會心一笑。

從行文架構可以看出作者有意識地定位本書為入門讀物。但作者並沒有因此放棄女性主義的批判性。例如，對於近年捲起一陣《Lean In》炫風的職涯女性主義，作者明確地表達了質疑。雖然不見得人人都贊同她的看法，但這樣的風格，充分展現女性主義甘冒大不韙的本色。定位為入門讀物卻也不怕引起爭議，在基礎與基進之間取得某種程度的平衡，是女性主義讀物中難得的類型。

本書當然不是完美無瑕。最顯而易見的缺點，就是為了提升易讀性，犧牲了理論的純粹性。從第一波女性主義至今，女性主義的流派已經發展得百花齊放、百家爭鳴。各流派的女性主義之間，唯一的共通點似乎只有「承認性別不平等問題存在，並且致力於提出解方」，歧異點甚至多過共通點。基進女性主義批判自由主義女性主義沒有正視父權的根本問題；自由主義女性主義指責基進女性主義嚇跑了所有潛在的支持者……各流派之間的論辯，甚至構成女性主義最引人入勝的理論精髓。

而在本書的各章節之間，作者採用的觀點雖然都可稱為女性主義，但實際上經常跳動在不同流派的理論之間。時而自由主義、時而基進、時而帶有社會主義的色彩。這樣的寫法，好處是避免了各流派的弱點，可以針對個別議題展現女性主義最具說服力的答案。但壞處就是在理論與理論之間，深層的、隱而未顯的矛盾，就躲藏在字裡行間，未能呈現給讀者。理論純度不夠純粹，這也是本書最容易被批判的弱點。

然而，本書的弱點，必須是女性主義的進階讀者才能辨識。若沒有對女性主義有更深的了解，本書足堪擔當基本的認識女性主義讀物。魚與熊掌不可兼得，深度廣度難以兼具。本書的角色定位非常清楚，就是女性主義的敲門磚，讓更多人用較低的時間成本，接觸到女性主義的基礎觀點。被引起興趣的讀者，自然可以再按部就班從大師之作追尋更深刻的思辨。

未曾接觸女性主義之前，見山是山。希望本書可以發揮讓普羅大眾對日常生活議題「見山不是山」的功能，看出每個細節背後的性別眉角，並且起心動念投入實踐。更期待閱讀本書的讀者，可以進一步了解女性主義觀點的多元性，最後「見山又是山」，享受女性主義對人類智性的貢獻。

CONTENTS

第4章／女性形象：以客體取代主體

第5章／身體戰場

前言

我們今天還需要女性主義嗎？

女性主義深埋在我的骨子裡，因此若聽到或看到他人以特定的方式對待女性，我便無法容忍。

——吉莉・安德森[1]

過去數年來，許多人為了捍衛女權走上街頭，例如二〇一七年一月二十日的美國女性大遊行有約四百萬人參與，二〇一七年的國際婦女節當天有二十萬名女性走上阿根廷街頭抗議，二〇一八年甚至有五萬三千名女性參與西班牙的女性大罷工。

若對這些數字感到驚訝，或許是因為你不認為女性權益受到侵害的程度相當嚴重。真要說起來，只是德國的情況還算樂觀。然而，樂觀意味著仍有限制存在，而女性難道該就此認命，放棄成為自己希望的樣子嗎？我們的憲法第三條雖寫明「女性與男性平權」，但德國不也是到二〇〇五年才出現首位女性總理嗎？

的確，德國女性與男性在法律上是平等的，但這僅代表女性有投票權（自一九一八年起）、婚後無須冠夫姓（自一九七六年起）、申請銀行帳戶無須丈夫同意（自一九六二年起）；除此之外，我們在平權議題上已經許久無實質進展。儘管安格拉．梅克爾是女性總理，卻也是德國史上唯一坐上總理大位的女性。至於女性聯邦總統或聯合國秘書長則一個也沒有，而立法方面也幾乎被男性主導——聯邦議會中的女性議員僅佔百分之三十一。

即使在法律層面，女性的需求也無法完全獲得滿足，例如一名在非自願情況下懷孕的女性，至今仍可能無法合法地進行人工流產，充其量只是免於懲罰。早先的情況則更棘手，因為醫師不

1. 吉莉．安德森 (Gillian Anderson，一九六八—)，美國演員。

得透露人工流產相關資訊，婦女們也難以獲得專業人士的協助。

除了政治層面以外，日常生活中也充斥了許多問題，例如認為女性不擅長數學及其他自然科學就是一個典型的刻板印象。數年前甚至有知名服飾品牌販售一款女童上衣，上頭印了「在數學領域裡，我只是花瓶」的字樣。然而，問題不只是衣服上寫了**什麼**，還有我們**如何**說話與書寫。我們的語言明顯偏好男性，例如科學家與飛行員[2]，但熱愛研究與飛行的女性也應受到重視。

除此之外，社會中的工作與金錢分配也不平均，例如煮飯、打掃、照顧孩子與臥病在床的父母等無酬工作，至今仍多由女性打理。她們的職場薪資往往較男性低，而諷刺的是，女性的除毛刀、香水與理髮價格卻比男性高。

這或許是看準了男性與女性都願意為自己的外表花錢，但女性卻承受了較大的外表壓力，而這又衍生出另一個問題——社會對於女性苗條身材的要求已到了不切實際的程度。儘管十一至十五歲少女的體重有四分之三屬於標準、五分之一屬於過輕，但仍有一半的十五歲少女認為自己過重。至於十七歲的少女，則每兩人就有一人嘗試過節食（同齡男性的比例為百分之十一）。人們對於女性的身材總是頗有微詞，如八卦雜誌就愛批評名人過胖或過瘦、形容對方爆肥或瘦到像是骷髏頭，就是沒有恰到好處的時候。

不久之前，女性主義還被視為是迂腐之物、是年輕女性不再需要的東西，但現在不同了，主張平權才是「潮」，如歌手碧昂絲就自稱是女性主義者。然而，光是「潮」並沒有辦法為平權作出貢獻，如時裝品牌Monki便曾在一系列毛帽與筆記本等商品印上了「女性主義者」字樣，以跟上這波潮流，但為此與其他快時尚品牌縫製服飾的女工，其於各自國家（如孟加拉）的工作環境卻絲毫沒有獲得改善。

為達到社會中性別平等的目的，有什麼必須改變？我們又能做什麼？本書將為這些問題尋找答案，並闡述女性主義運動過去以來已經克服的不平等。除此之外也將釐清「性別」、「性別歧視」與「父權制」的真正意涵及其與女性

2. 譯註：此類職業名稱的德文詞性為陽性。

主義的密切關聯。

附帶一提，本書會經常提及「女性」與「男性」及「女孩」與「男孩」。如此分類經常於女性主義運動中受到批評，因許多人無法或不想被歸類於其中（此議題將於第三章進一步談論）。然而，我們當今的社會仍將人們如此分類，而許多的歧視與麻煩問題也自此產生。因此在談論不平等問題時，以兩性作為出發點會較容易理解。

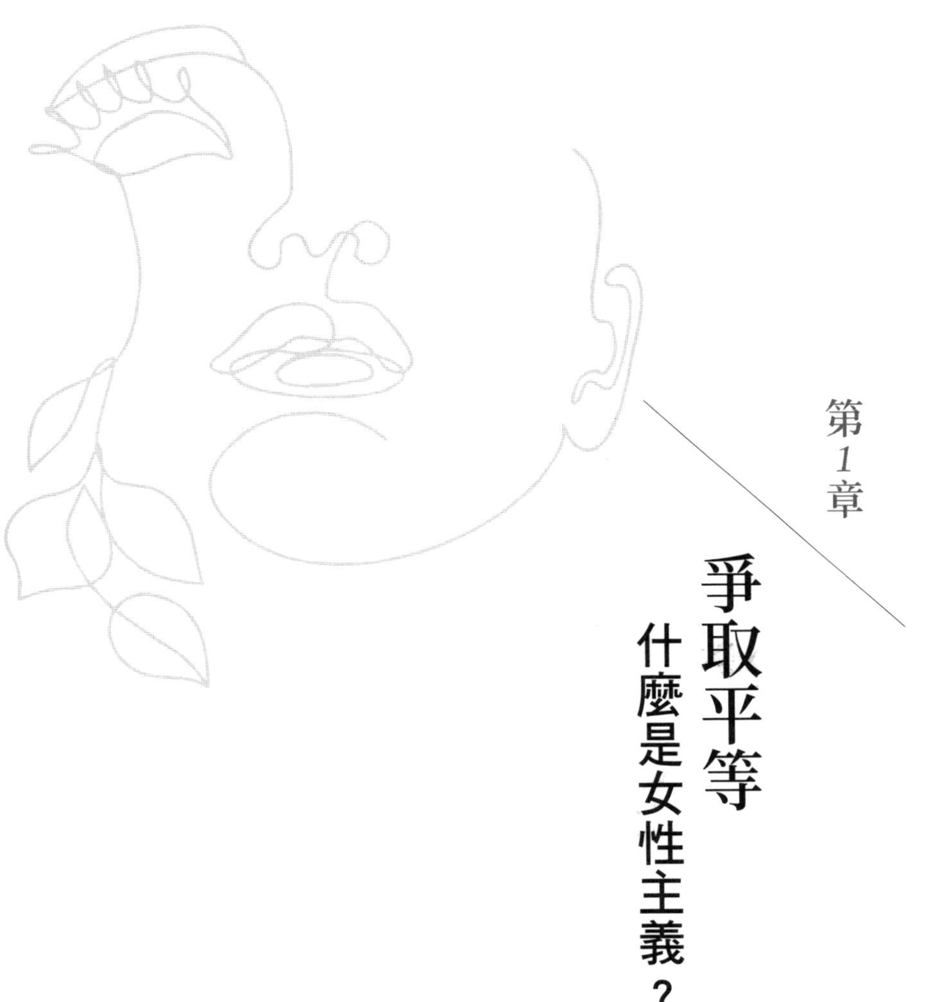

第1章

爭取平等
什麼是女性主義？

女性主義是一種認為女性也屬於人類的激進思想。

——瑪麗・歐爾[3]

提到**女性主義**，人們總有不同的聯想，例如 #MeToo 運動、國際婦女節或對於男女同工不同酬的抗議，也有人會想到艾瑪・華森或異議人士於女權大遊行戴的粉紅「貓耳帽」，抑或是墮胎權、女性經理人比例與愛麗絲・施瓦澤（Alice Schwarzer）。這些聯想確實都與女性主義有關，卻也參雜了許多不同的元素——因為女性主義是一個相當多元的概念。也因如此，有些人認為，女性主義一詞應以**複數**形式呈現。

不同女性主義派系的共通點是爭取男女平等，或甚至**性別平等**，因此女性主義屬於一種政治運動，旨在改變社會。然而，在面對平等的具體定義與平等社會的實踐方式時，不同女性主義者的看法則有分歧，甚至對立。例如有些人希望，政府機關或民間企業的女性主管比例能夠有所提升，也有人認為，女性主管比例的提升僅有益於中產階級與上層階級，因此提出了較極端想法——唯有消滅資本主義，才能夠真正地實現社會平等。除此之外，人工生殖技術也是關注重點，因為女性如此一來便不需再忍受生產與懷胎九個月的辛勞。

女性主義不是擁有固定內容的運動，而是一種信念，認為唯有透過這副「性別眼鏡」才能夠看見社會中的不平等，並加以克服。由於不同文化對於性別的區分方式有所不同（但仍以男女兩性為多數），涉及層面便相當廣泛，例如人們的生活型態、行為模式與權力分配。

女性主義與女性解放

女性主義一詞來自於法國：約自一八九〇年起，人們開始於法國廣泛地使用 **féminisme**[4] 一字，而這個字是從另一個字 **femme** 衍生出來的，亦即法文的「女性」。之後德國以相同的概念造出了 Feminismus[5] 一字，而其字尾的 ismus 常代表某種政治概念、人文理念或社會運動，例如自由主義[6]、社會主義[7]、無政府主義[8]與女性主義。在此之前，德國人都以**女性解放**代稱**女性主義**，而這不過是幾十年前的事。

3. 瑪麗．歐爾（Marie Shear，一九四〇—二〇一七），美國作家、記者與異議人士。
4. 譯註：女性主義的法文。
5. 譯註：女性主義的德文。
6. 譯註：德文為 Liberalismus。
7. 譯註：德文為 Sozialismus。
8. 譯註：德文為 Anarchismus。

父權制

在談論女性主義時，若提及權力分配，便不可忽略**父權制**。這個概念常會出現在女性主義相關的海報與文宣上，例如「沒有上帝！沒有國家！沒有父權」的標語。其有時也會以英文呈現，例如「打倒父權」（Smash the Patriarchy）與「在後父權社會裡，我是後女性主義者」（I'll be a post-feminist in the post-patriarchy）[9]。然而，父權制到底意味著什麼？從字面上來看，它有「父親掌權」的意涵，而整體概念指涉了一種男性權力大於女性的社會結構，以及男性較女性優越的體系。為其辯護者會稱，此社會角色分配係依據男性與女性的「先天」差異所產生（詳見第三章）。

女性主義志在擊垮父權制，因為即使在許多文明且先進的社會中，女性與男性也僅於法律層面平等——父權結構至今仍無所不在。因此權力不對等的情形依舊存在，而男性也總是握有話語權。以德國為例，儘管當今總理為女性，但政治與經濟領域的高階經理人仍以男性為主，舉凡巴斯夫、德國電信、福斯汽車與SAP，前三十大德國的上市公司沒有一間由女性主導。除此之外，男性所持有的財產也較女性多，以二〇一二年為例，德國男性平均持有的財產較女性多出了兩萬七千歐元。甚至全球最富有的八名男性所持有的財產，幾乎等同於全球收入最低的半數人口財產總額。

對於父權結構仍存在於當今社會，有一張知名的照片能夠證明：霍斯特・塞賀佛（Horst Seehofer）[10]於二〇一八年三月向民眾介紹了家園事務部的內閣成員，而那些受其任命的官員清一色為男性。然而，父權問題通常不如這張照片顯而易見。

部分女性主義運動參與者對於「父權制」一詞並不滿意，有人認為這個概

9. 譯註：意同於「除非父權消失，否則女性主義會持續存在」。
10. 譯註：時任德國聯邦內政部長。

念太過模糊，也有人認為其不適用於當代社會，因女性並未完全被排除於權力圈外。他們的偏好用詞為「由男性主導的社會」或「男性霸權」，但指的事實上是同樣的概念，亦即性別間的不對等權力關係。

性別歧視

性別歧視正是鞏固此權力關係的媒介，使社會中男性與女性的地位差距持續存在，它因此成為了女性主義的批判對象。對於性別歧視的定義有兩種，一是**基於他人性別的貶低或排斥行為**（更多關於性別的議題，請見第三章），而這意味著，男性也有遭受女性歧視的可能。然因受害者多為女性，此定義仍以女性為主。第二種性別歧視的定義則**同時囊括了性別歧視與不對等權力關係**，而這意味著，男性被排除在外，因其於社會中往往較女性有更多的權利。

性別歧視無所不在，例如在日常生活中、學校中、大學中、職場上或廣告裡，且會以不同形式呈現。假設一名主管有性別歧視的問題，他便可能認為女性較無執行力，或因女性員工將來有懷孕的可能，而僅提拔男性下屬。

性別歧視經常以貶低女性或其外表的言語形式呈現，例如「妳們女人根本不懂物理」、「當心女性駕駛」或「由妳來做部門簡報，大家就有眼福了」。這些全是性別歧視性語言，因為當然有擅長物理與能夠靈活駕駛汽車的女性。至於指派女性進行簡報，僅因為對方擁有姣好的外貌（對於異性戀男性聽眾而言），則包含了隱藏訊息：妳有沒有能力不重要，漂亮就好。

至於「女性就該在家洗衣煮飯」一類明顯具有性別歧視意味的說詞，其之所以不再常見，僅是因為性別歧視如今不會被大剌剌地呈現，並不代表它已經消失了。再提供一個針對**當代性別歧視**的範例：「女性根本沒有事業心。」這句話背後所隱藏的含義是：當今職場已不存在性別歧視，而管理階層之所以多為男性，是女性的工作

與性無關的性別歧視

性別歧視的概念可以回溯到一九六〇年代的美國女性主義運動，而使用 sexism 這個名稱（參考種族歧視 racism 一字造成）的目的在於，能夠明確地指出對於生理性別（亦即英文中 sex）的歧視。換句話說，性別歧視起初與德文中性交與性行為的涵義毫無關聯。

能力所造成。

關於性別歧視，可以談的有非常多，例如它也會偽裝成一個**紳士舉動**，這在學術上又被稱作善意型性別歧視：一名男性幫一名女性在電腦上安裝了某個程式，之後附上了一張便條，上頭寫了「別碰，妳們女人不懂」。這當然涉及了性別歧視，而隱藏訊息為：女性不會使用科技產品。除此之外，**善意型性別歧視**也常出現在頒獎臺上，如有人會說，自己的女性另一半對於孩子的照顧非常用心，且非常體貼，因此會好好善待她。然而，這些字句正反映出了認為女性軟弱的典型偏見。這些包裝成善意的性別歧視並不容易察覺，畢竟對方所提出的協助確實可能是出於善意。

除此之外，性別歧視也常被包裝成玩笑，例如：「孤島上不可或缺的是什麼？答案是廚師跟女人。」之後的哄堂大笑則更加深了對於性別的歧視。若提出告誡，對方便會說只是好玩，為了博君一笑罷了。然而，這種玩笑是最該被譴責的，因為要出言斥責並不容易，畢竟沒有人想被看作是沒有幽默感的人。如此一來，即使認為這種笑話一點也不好笑，多數人也只能隨之起舞。

多樣化的女性主義

女性主義不是一個有條例、規章與會員制的社團，而是一種社會運動，因此包含了不同的派系，例如網路女性主義、酷兒女性主義、馬克思女性主義、性積極女性主義、生態女性主義、大眾文化女性主義、多元交織女性主義……等，不勝枚舉。

儘管部分女性主義的派系有些相似，但許多派系之間都存在了明顯的差異，其中甚至有彼此相斥的理念。由於女性主義的類型實在太多，甚至新的派系還在不斷地冒出來，本書在此將著重於介紹兩個最主要的派系。即使無法囊

西蒙·波娃（一九〇八～一九八六）

這名法國作家與哲學家於一九四九年發表了著作《第二性》，其不僅為最重要的女性主義著作，甚至被視為是第二波女性主義運動的聖經。書中有一句至今仍常被引用的話：「女性不是天生的，而是形成的。」她用短短幾個字就道盡了自己的中心思想：女性不是生理特徵，而是社會標籤。西蒙·波娃與哲學家伴侶尚－保羅·沙特當了數十年知識界的神仙眷侶，兩人從大學時期到男方於一九八〇年過世，都一直維持著開放式關係。儘管沙特曾求過婚，波娃仍以不想「被世俗制約」為由拒絕。

括一切，但多數派系都能被歸於此兩者之下，亦即平等女性主義與差異女性主義。在爭取平權的運動中，區分兩者的是最核心的問題：性別差異是什麼？

平等女性主義著重於男性與女性的根本平等，並反對所謂「女性天性」的概念。對他們而言，生理差異幾乎或甚至完全不重要。平等女性主義認為，當今對於男性與女性之間差異的認知是社會化過程的產物，亦即社會對於男性與女性從一開始就以差別方式對待，並歸納了不同的性別角色。這種差別對待從嬰幼兒服飾便可見端倪：粉紅色給女孩，粉藍色給男孩。除此之外還有童書，裡頭的男性多是英勇救火的消防員，或是坐在機艙中的帥氣飛行員，女性則多推著嬰兒車，或在廚房裡煮飯。平等女性主義認為，如此的養育方式、媒體傳播與教育內容反映了社會期待，並將人們逐漸限制於典型的男性與女性形象中。由此可見，性別差異是能夠克服的。

與之相反的是，**差異女性主義**認為，性別差異確實存在：男性與女性並不相同，但沒有貴賤之分。他們認

為，問題並不在性別差異，而是當今社會由男性主導，因此女性的特質與需求不僅不被認真看待，還備受歧視。差異女性主義將重點擺在爭取平權，並質疑一切以男性為主的社會原則與規範，而非試圖將女性置入由男性主導的社會。為什麼典型的女性職業（如幼兒園老師）薪資較典型的男性職業薪資低？又為什麼不是去改善這種薪資上的差別待遇，而是鼓勵女性從事理工領域的工作？

即使不同派系的女性主義都以平等作為目標，在想法上卻有諸多分歧。

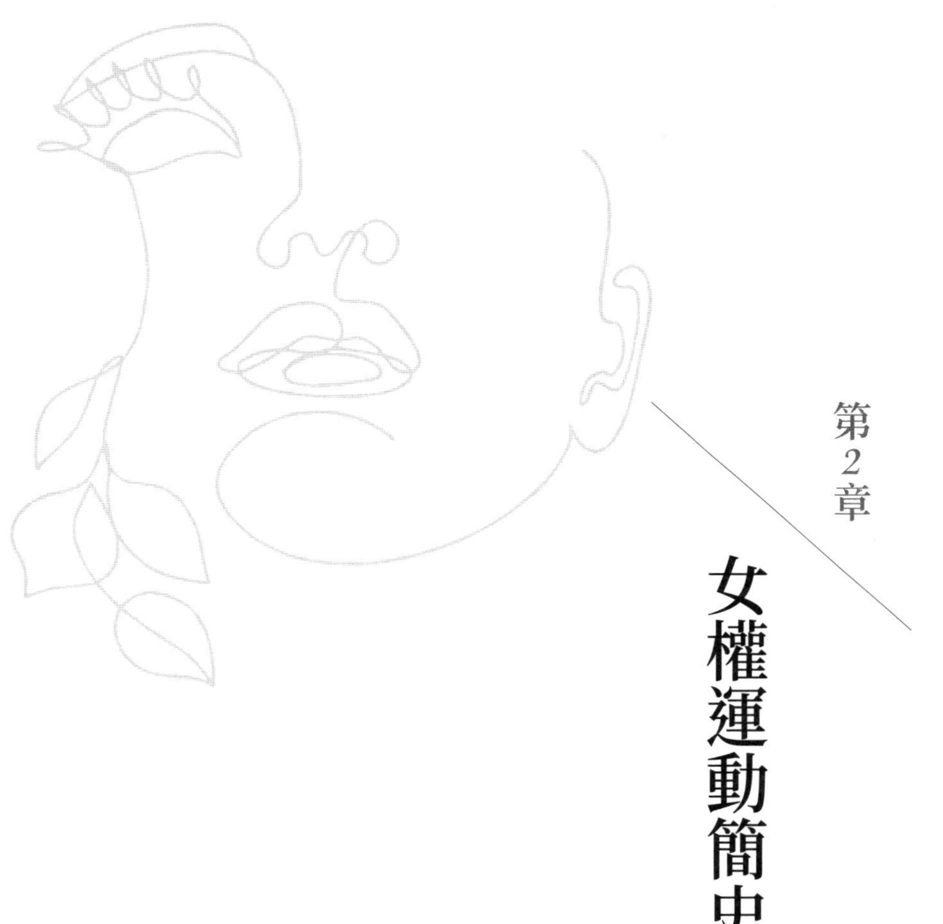

第2章

女權運動簡史

若仍有其他的女性不自由，我便是不自由的，即使我們所受到的約束不同。

——艾德烈・洛爾德[11]

或許從今天的角度看來，女性投票、就學與工作都是稀鬆平常的事，但這都是歷代勇敢女性所爭取來的。她們在過去約兩百五十年來大有所獲，有時甚至連男性也提供了支持。然而，更多的情況是，那些女權人士必須忍受排擠與誤解。

我們將在此介紹一些勇敢的女性與其所參與過的抗爭活動，其中包含了第一次廣泛適用的人權宣言、女性異議人士、絕食抗議與涉及女性主義的蔬菜。

第一波女性主義

一七九一：奧蘭普・德古熱發表第一份廣泛適用的人權宣言

人人平等的啟蒙思想在十八世紀的歐洲逐漸傳開，並影響了法國大革命。

一波接著一波

在當今的歐洲與美國，女性主義的發展史被分成了多個階段，並以「波」為單位，從先前的三波，到近年出現的第四波。每一波運動都反映了特定時期的代表性辯論主題與思維觀點，但當然，同時期人們的想法不會完全相同，且每一波之間的女性主義運動也是持續的。

第一波女性主義運動（約自一七八九年法國大革命至一九一八年第一次世界大戰）所爭取的是法律上的性別平等，尤其是選舉權、被選舉權、有薪工作權及與之緊密相關的平等受教權。

第二波女性主義運動（自一九六〇年代至一九八〇年代）關注的是自主權，並涉及了生活、身體與性，期間最被廣泛討論的議題之一是墮胎權。

第三波女性主義運動（自一九九〇年代至二〇〇〇年代）標榜的是多樣性，以及對於平等尚未實現的認識。此時期的女性主義者批評了不切實際的審美標準，以及電影、影集、電玩遊戲中的性別刻板印象，代表形象是美國的龐克「暴女」運動。

第四波的當代女性主義運動多活躍於網路上，例如 #MeToo 與 #Aufschrei[12] 運動，但街頭仍可見其蹤影，例如蕩婦遊行與女性大遊行；兩個主要的討論範疇為性別歧視與性暴力。

11. 艾德烈·洛爾德（Audre Lorde，一九三四—一九九二），美國作家與異議人士。
12. 譯註：亦即德文的「喊叫」。#Aufschrei 標籤的出現時間較 #MeToo 早，於二〇一三年在德國的推特上傳開，鼓勵民眾藉此分享自己遭受性別歧視的經驗。此運動始因於記者勞拉·希姆萊西（Laura Himmelreich）對於自由民主黨政治人物萊納·布呂德勒（Mann Brüderle）的歧視指控。

一七八九年的法國國民大會發表了《人權和公民權利宣言》，但女性的權利不僅沒包含於其中，甚至也不在改革目標裡。「自由、平等、博愛」[13]的口號便說明了一切：平等只存在於男性之間，女性是被排除的。

瑪麗・古茲為藝術家與異議人士，以奧蘭普・德古熱的名稱為人所知。她於一七九一年針對先前國民大會的版本重新撰寫並發表了一份包含女性的《婦女和女性公民權利宣言》，成為了第一份廣泛適用的人權宣言。她寫道：「女性能被送上斷頭臺，就應有相對的權利能站上講臺。」她之後確實站上了講臺為性別平權高聲疾呼，卻也在一七九三年的雅各賓專政下被送上了斷頭臺。

一八四九：路易絲・奧托－彼得斯《女報》與兩場女權運動

女性主義者的目標並非總是相同，這從德國的女權運動便可見端倪。

一八六五年十月，萊比錫的女性市民為了表達自己的想法齊聚一堂，而她們之後創辦了德國婦女協會。第一任主席是身兼作家與記者的路易絲・奧托－彼得斯（Louise Otto-Peters），其早在一八四九年就創辦了《女報》。她不僅於文章中分析了當時婦女的處境，更批評了勞動階級所承受的社會條件與問題。政府當然無法忍受如此大量的批判，因此為了讓奧托－彼得斯再也開不了口，薩克森邦特地為其制定了一條專法——禁止女性出版政治性報紙。

奧托－彼得斯對於勞動問題的積極參與使其成為了政府的眼中釘。德國婦女協會與當時大部分的女權公民運動主要著眼於工作權與工作自由選擇權，因為有越來越多的女性希望能有薪工作，但能從事的職業類別卻相當有限，例如她們之所以無法成為醫師、律師與教授，就是因為高等教育

13. 譯註：德文博愛（Brüderlichkei）在字面上的意思為兄弟情誼。

索傑納·特魯斯（一七九七～一八八三）

非裔美籍的索傑納·特魯斯在美國紐約一出生，便背負了奴隸的身分。她原名伊莎貝拉，並於童年多次被輾轉賣給不同的雇主，但最後成功地逃脫。她起初擔任家庭幫傭，之後成為了福音傳教士，並賦予自己新的名字。重獲自由後，她致力於廢除奴隸制度與爭取女性投票權。在之後被出版成書並賦予標題《難道我就不是女人？》的演講中，索傑納·特魯斯提出了質問：「難道我不是女人嗎？」並呼籲白人女權人士一同為黑人女性爭取權益。然而，索傑納·特魯斯當時確切的用詞與表達方式仍有待確認，因為她出身於荷蘭治理下的紐約，說的卻是南方方言未免有些奇怪。

將她們拒於門外，至於在工廠做粗工，對於中產階級女性而言則不體面。因此在某種程度上，勞動階級女性與中產階級女性都面臨了相似的問題。除此之外，由於工業化的緣故，當時有越來越多女性在工廠工作，這讓許多男性心生不滿。男性勞工與其公會批評女性勞工是「骯髒的競爭者」，並要求對於工廠中的女性勞工加以限制或禁止。造成此局面的原因是，女性勞工的薪資較低，進而排擠了男性勞工的工作機會。然而，即使勞動階級與中產階級女性都在與男性對抗，並爭取工作權與平等薪資，雙方卻無法攜手合作。最大的原因是兩者之間的差異：勞動階級的女權運動是革命性的，她們同時對抗了對於女性的壓迫與資本主義的壓榨，而中產階級的女權運動要求體制內的改革，階級問題不是她們的關心範疇。

一九一三：女性身體力行參與政治

在英國，女權人士花了數十年的時間，才為女性爭取到了投票權。當時的女權人士被稱為婦女參政運動者，此名稱源自於選舉權的英文 suffrage，而她們以激進作風著稱。抗議起初還算和平，她們在一八四〇年代主要拋撒傳單、發起集會遊行、發表文章，並向政府官員撰寫公開信。

然因這些努力沒能帶來任何的實質進展，之後便由激進女權人士接手主導。婦女參政運動者開始砸毀店家櫥窗、剪斷電話線、封鎖火車軌道，甚至進行炸彈攻擊，並襲擊政治人物。有人以狗鞭攻擊了前首相溫斯頓．邱吉爾，而在劍橋也有政治人物被以死貓砸臉，許多女權人士因此被捕入獄。為了讓抗爭延續下去，她們在獄中進行絕食，有人甚至連水都不喝。

婦女參政運動者埃米莉．戴維森便因縱火入獄，接著又在監獄裡絕食抗議。她之後為女權運動壯烈犧牲：一九一三年在一場位於埃普索姆的賽馬過程中，她衝上了賽道為女性投票權表達抗議，並遭英王駕馭的馬匹踩踏重傷，送醫後傷重不治。沒有人知道，那到底是一場意外，還是事先計畫好的自殺行動，她的墓誌銘是「坐而言不如起而行」。

在第一次世界大戰爆發後，由婦女參政運動者所組成的婦女社會政治聯盟

為了聲援國家，終止了一切與女性投票權相關的活動。儘管不是所有女性都認同此愛國舉動，她們在戰爭期間對於國家的支持也影響了社會風氣。戰後的一九一八年二月，英國國會決定賦予女性投票權，但仍以三十歲以上的女性為限。

第二波女性主義

一九六八：丟番茄事件

「生活擺脫不了政治」是一九六〇年代末期新一波女性主義於西德主張的中心思想。儘管當時的女性已經在法律上與男性享有平等的地位，但把「男女平等」加入憲法在一九四九年可是掀起了軒然大波：不分黨派的眾多男性政治人物幾乎都表示反對，且不願意更改對於女性不友善的法條。由此可見，男女平等的概念根本沒有落實於日常生活中，一如左派團體**德國社會主義學生聯盟**女性成員的經驗：每當男性成員前往參加關於世界革命的討論活動時，女性成員都被迫留在家中照料孩子與家務。除此之外，工作分配也不平等：女性負責煮咖啡與發傳單，而男性則負責演講活動。

當電影製作人海克・珊德（Helke Sander）一九六八年九月於德國社會主義學生聯盟發表一場關於女性主義的演說時，社團的男性成員明顯地對於女性議題不感興趣。之後在眾人沒有討論意願的情況下，直接進行了下一個章程，而西格麗德・呂格（Sigrid Rüger）因此朝講臺上的聯盟主席丟了一顆番茄。同一天，聯盟的女性成員成立了排除男性的「女性

焚燒胸罩之謎

有件事一直盛傳著，一九六八年的美國小姐選拔期間，有位女權人士焚燒了自己的胸罩，以表達對於父權制的不滿。然而，事實上根本沒有人把胸罩丟進火裡。當時有約四百名女權人士聚集於亞特蘭大抗議選美比賽，因為她們認為這個活動物化了女性。她們將胸罩、化妝品、捲髮棒、高跟鞋、**《花花公子》**雜誌與其他壓迫女性的物品丟進了一個被稱為「自由垃圾桶」的大鐵桶，但包括鐵桶在內，沒有任何東西被焚燒，她們只是將一隻羊命名為「美國小姐」。

委員會」，以商討性別議題。男性止步的規定意味著女性主義運動的開始，而之後也陸續出現了女性咖啡館、女性書局，及許多女性成員能於其中分享自身經驗與政治想法的團體。

第三波女性主義

一九八五：猩猩與白人男性的統治之爭

「女性必須裸體才進得了大都會藝術博物館嗎？」一群女性藝術家與業界人士曾於一張知名的海報上如此質疑道。自稱「游擊隊女孩」的女性團體曾細數過上述博物館中的藝術作品，結果幾乎所有展出的當代藝術作品都是出自於男性之手，女性只佔了不到百分之五。除此之外，以裸體呈現的作品中，女性佔了百分之八十五。

透過行為藝術、海報、貼紙與抛撒傳單的方式，游擊隊女孩在藝術界與富裕白人男性的統治對抗了超過三十年。在紐約大都會藝術博物館於一九八五年宣佈展出全世界最重要的當代藝術作品後，這個抗議團體也隨之成立。然而，

在一百六十九名藝術家成員中，女性當時只佔了十三名，而全部的成員都是來自於美國與歐洲的白人。

游擊隊女孩從一開始便以匿名示人，並頭戴猩猩面具，猩猩之後也成為了她們的標誌。除此之外，她們以已故女性藝術家的姓名代稱自己，例如創辦人便是芙烈達．卡蘿與凱綏．柯勒惠支。

儘管游擊隊女孩的抗議強化了藝術界對於權力結構的意識，但女性與非白人藝術家的作品相較於白人男性藝術家仍不受青睞。二〇一六年，游擊隊女孩將目光轉向了科隆的路德維希博物館，並語出驚人地說了：「猜猜看，在這個多元化的德國城市裡，哪個地方的白人佔了男性的百分之八十九、女性的百分之九十七？答案是路德維希博物館。」

第四波女性主義

二〇一一：蕩婦遊行

針對女性避免遭受性侵與性騷擾的方法，一名加拿大警察在二〇一一年的一場大學活動中如此說道：「若能不穿得像個蕩婦，女性就不會被侵犯。」這句話當時引起群情激憤，因為它意指侵犯是迷你裙主動挑起的。其後促成了蕩婦遊行，並透過抗議傳達了一個明確的訊息：錯在加害者，而非受害者，更與穿著無關。

這場位於多倫多的「蕩婦遊行」原先預計會有一百人參與，最後卻來了三千人，且多穿著清涼。有人在自己的腹部寫上了「蕩婦」的字樣，也有人高舉如「我的迷你裙與你無關」的標語。

短短幾週內，「蕩婦遊行」便發展成了全球性的活動，很快地在美國、澳洲、墨西哥、英國、巴西、瑞典與德國都出現了類似的抗議遊行。二〇一一年七月二十三日，一群自喻為蕩婦的民眾首次在德國發起了抗議活動，以譴責**檢**

討受害者的行為。值得一提的是，活動並不是舉行於如柏林、漢堡與慕尼黑的大城市，而是在位於下巴伐利亞的帕紹。

除此之外，**#Aufschrei** 與 **#MeToo** 運動都與性騷擾與性暴力有關，兩者都是當今女性主義的關注重點（詳見第八章）。

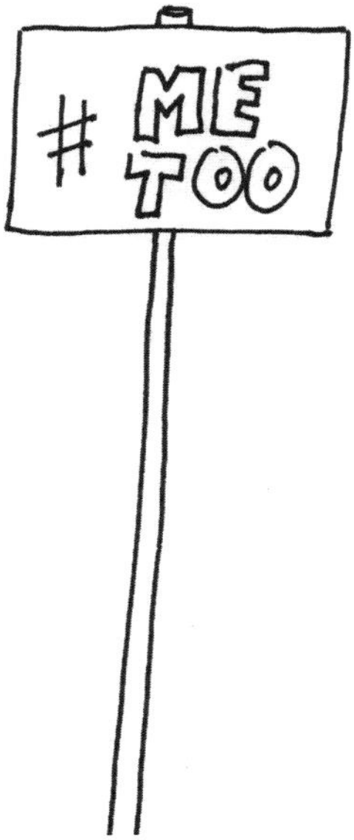

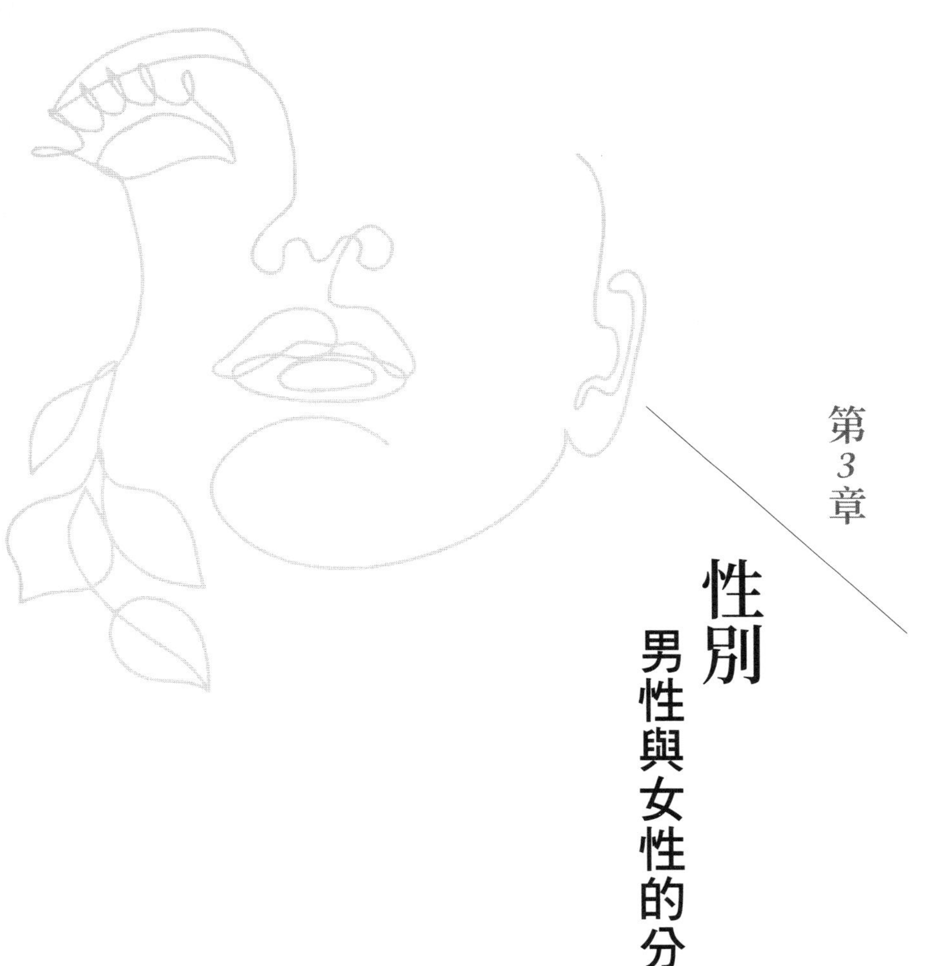

第3章

性別

男性與女性的分類

女性不是天生的，而是形成的。

——西蒙・波娃[14]

非女即男：我們的社會經常執著於以性別區分人們，且早在出生前就已經開始了。準父母們經常被問到的問題之一就是：是男孩還是女孩？

在美國，人們甚至會為此問題的答案開趴慶祝——這個潮流如今也慢慢在德國出現。在「性別揭曉派對」上，人們會揭曉胎兒的性別，給準父母們一個驚喜。為此，婦產科醫師會先將謎底透露給一名值得信賴的人士。

派對的高潮是，人們透過粉紅色或粉藍色的彩花拉炮、煙霧彈或麵糰明示寶寶的性別。

性別是社會現象

人都還沒有出生，就先在世間佔了特定的位置，因此很顯然地，性別是一種塑造社會秩序的分類。只要留心便能夠發現，生活中到處都充斥著區分男性與女性的事物。

人們往往能一眼就看出對應自己性別的物品：男性與女性使用不同形式的便池、不同的姓名對應了填寫問卷時所勾選的性別，而針對不同性別所設計的服飾與髮型也多有差異。什麼性別的人能夠自然地穿著洋裝、高跟鞋，並使用口紅？什麼性別的人會剃光頭？什麼性別的人會幫他人提沉重的行李？

有兩件事很清楚，其一是社會中的主流思想將性別一分為二，也就是非男即女；另一件是性別為一種社會現象，無關生物層面的問題，例如一個人的先天染色體組成，或何者與何者的結合能生出小孩。

14. 西蒙．波娃（Simone Beauvoir，一九〇八—一九八六），法國作家、哲學家與女性主義者。引文出自其著作《第二性》。

英文與德文不同的地方在於，它有兩個表達性別的字，Gender指涉的是社會與文化層面的性別，亦即性別角色，例如：社會對於男性與女性的定義為何？不同性別的人在社會中所扮演的角色為何？社會對他們的期待為何？相對的概念是Sex，其指涉的是生理層面的性別。

對於以生理結構區分性別的論述，女性主義者在一九六〇年代已透過生理暨社會性別研究做出了回應，並證明了性別角色的多樣性。

當今的女性主義者認為，光是區分Gender與Sex並不夠。她們認為，性別角色不單被社會條件所限制，也關乎人們對自己身體進行詮釋與分類的方式。光是將性別分成男性與女性，已經將人們局限於二分法的框架中了。

兩性標準

用二分法區分性別意味著，只存在兩種可能，如「男性」與「女性」，而這破壞了性別的多元性。交友軟體Tinder上有三十七種性別可供選擇，而社群媒體Facebook更提供了六十種選項。儘管如此，現實生活中大部分的人仍認為，性別只有兩種，非男即女。

二分法對於那些無法被歸於其中的人尤其是個問題，例如跨性別男性與女性。「跨」這個字已經暗示了，一個人不適用於他出生時被賦予的性別。相對的概念，亦即一個人的性別與他出生時被賦予的性別相同，稱作**順性別**。跨性別女性與順性別女性都是女性，順性別女性不會遇到的問題是，跨性別女性可能從小會被當作男孩子扶養，而這種情形相當常見。除此之外，當她們想使用女廁，或他人為她們低沉的嗓音感到詫異時，都可能會有問題。不是所有的跨性別男性與女性都有機會接受手術或荷爾蒙治療，使其身體特徵與性別一致。

除此之外，還有人對於「非……即……」的性別二分法感到困擾，例如**性別流動者**，因為他們的性別認同是浮動的。也有人認為，自己無法被歸於男性或女性，例如**性別酷兒**（Genderqueer）。

性別角色的力量

粉紅色的世界住了精靈與馬兒，藍綠色的世界充滿了野獸、太空梭與挖土機。前者屬於小公主，後者屬於小騎士。玩具世界可能是受性別角色影響最嚴重的地方，因此其**性別行銷**在近年來飽受批評，但性別中性的玩具實在是少之又少。

如此明顯地區分女孩與男孩，就像是在規定家長與孩子：女孩要玩扮家家酒、男孩要玩化學實驗箱。問題來了，一名男孩若想玩扮家家酒，該放任他去嗎？而他的男性身分會因為玩「女孩的玩具」而受到質疑嗎？

這會導致性別角色的問題，因為孩子的發展被限制了。一個人的行為若不符合其被賦予的性別角色期待，便可能會遭到麻煩。不只孩子，連成人也是，例如一名男性辭掉工作，在家照顧孩子與家務，所遭遇到的異樣眼光絕對會比女性多。甚至在有些人的眼中，他們不算是「真正的男人」。

然而，人們並不是被動地為環境所逼，而是主動地參與，並達成他人的期望，例如一對異性戀伴侶在上車時，男性往往會坐到駕駛座，而女性會坐到副駕駛座，以及第一次約會由男性開口邀約並買單。儘管人們無須遵守此性別模式，卻仍舊照做，專有名詞稱作**做性別**。

生物論點對平等的反駁

男性有陰莖、女性有乳房，這是不爭的事實，但這個身體上的差異真的代表了什麼嗎？許多人認為，男性與女性有先天上的差異，且特徵彼此相反。兩者就像陰與陽、日與月，且各來自火星與金星。許多暢銷書籍都談論了男性與女性先天上的差異，例如基因、荷爾蒙，甚至腦部結構使男性不善於傾聽，並使女性不善於停車。

從科學研究結果來看，這些都是無稽之談，卻為不良的傳統提供了支持。這些先天上的性別差異假說都是在鞏固男性的特權，例如人們在十九世紀便認為，男性思考靠的是分析與判斷能力，而女性靠的是直覺——為了剝奪女性的大學受教權與投票權。

除此之外，身為教士的湯馬士．季斯本（Thomas Gisborne）也在兩百多年前做過男性與女性先天能力在社會實踐上的比較：男性從事的職業（如政治、法律、經濟與貿易領域）「較耗費精力」，且「需要周全的思考能力、做好萬全的準備，並能持之以恆」，季斯本認為，這些特質都是「女性較缺乏」的。他認為，女性擁有的是不同的能力，例如「使家庭氣氛和樂，並充滿笑聲。」因此，在當時的社會氣氛下，最適當工作分配

賀德維希．多姆（一八三一～一九一九）

男性與女性之間的差異不是先天決定的，而是社會決定的——女性主義者賀德維希．多姆（Hedwig Dohm）早在十九世紀便於其著作中表達了先見之明。她為女性爭取投票權與大學受教權，進而在當時的德國成為了激進女權人士。多姆做為一名作家與女性主義理論家，要求了憲法上的平權保障，並曾說道：「人權是不分性別的。」她直至高齡仍不斷地撰寫文章，並指出社會思想的謬誤。多姆在第一次世界大戰期間是少數公開反戰的人士；她不僅是一名女性主義者，還是一名和平主義者。而她在過世前不久終於完成了心願：德國女性獲得投票權。

是：女性顧家，而男性於政治與科學領域擔任要職。

從今天的角度來看，以自然的觀點解釋男性與女性先天能力的差異實在相當荒謬。甚至在十七世紀，哲學家尼古拉．馬勒伯朗士就為女性的思考模式下了註解：「她們無法進行任何抽象思考。」他認為，問題出在「腦神經的敏感特質」。第一個相關的大腦研究更測量且秤量了人腦，並認為，女性腦筋較差的原因在於，其大腦體積較輕且較小。

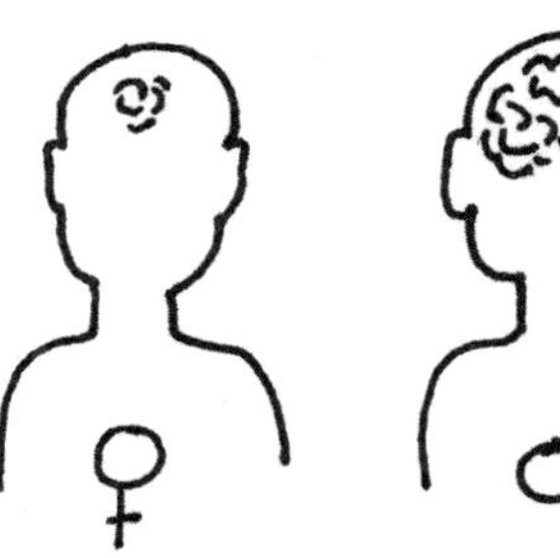

性別的異與同

性別到底是心理學還是生物學的範疇？當今的科學家為性別形塑了完全不同且多元的樣貌，而他們的研究結果指出，要完全區分生物與社會層面對於性別概念的影響並不是件容易的事。

生物學的觀點是，性別只有兩種，中間沒有模糊地帶。同時擁有男性與女性生理結構的**跨性別人士**，原則上來說也是能被接受的，例如一個人有男性染色體，卻擁有女性的陰道與乳房。**跨性別**的類型可以分成六十種，依據估算，每兩到五千名新生兒中，便有一名性別不顯著。學界有人認為，應該要擴大性別定義，以顧及少數人士。如此一來，每一百人中，便會有一人屬於其中一類的跨性別人士，而在與慕尼黑相似規模的大城，則會有約一萬四千人。除此之外，儘管人們常談論的是性別差異，科學家也找到了**性別共通點**，典型的性別差異研究結果為：無。與刻板印象相反的是，女性並不總是較男性關心社會議題，而男性也不總是較女性有自信。

男性與女性之間的差異其實並不顯著，反而是性別內的差異較性別間的差異大得多，例如男性的平均身高儘管較女性高，但男性之間的身高差距與女性之間卻差不多，因此有些女性的身高會遠比部分男性要來得高。一名荷蘭女性若到東南亞旅行，所遇到的男性多會比她矮。儘管如此，社會總愛著眼於性別間的差異，並嘗試

加以證實，因此塑造出了異性戀伴侶的理想形象：男性身高需高於女性。

除此之外，心理學也著眼於性別角色間的權力關係：偏見與刻板印象很大程度地影響了男性與女性特定的能力。

例如男性在心像旋轉測試中的平均結果較女性好——此測試必須在腦中旋轉三維圖形，因此需要絕佳的空間概念，這是少數能夠被證實存在於性別之間的差異。然而，男性若被事前告知，此測試需要服裝設計、室內擺設、縫紉、針織或鉤織這類較不「男性化」的天分，結果便會大幅下滑。

從另一個實驗能夠看出，數學是男性專長的刻板印象為女性帶來了很大的負面影響：在一個高中數學畢業考難度的測試中，一群學生被分成兩組。一組被告知，從測試結果能夠看出，為什麼有些人的數學較好；另一組被額外告知，上千名學生曾參與過此實驗，且無法證實，性別差異會影響數學能力。

實驗組學生的數學成績是此實驗的重點，因為每名學生都能期待，自己能夠超越他人。結果是，實驗組女學生的成績較為優異。換句話說：若能讓女性了解，自己與男性同樣擅長數學，便能喚醒她們的計算能力。

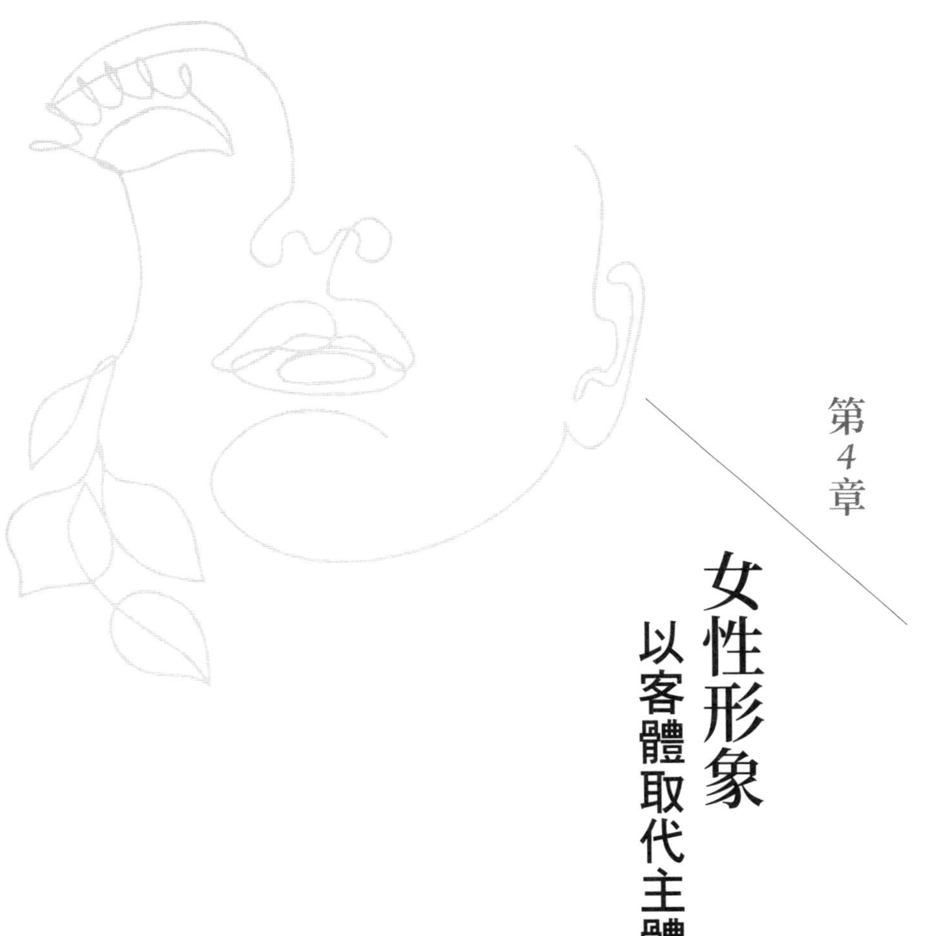

第4章

女性形象

以客體取代主體

超級女英雄經常以泳裝或裸體示人，但根本沒有人會在搏鬥時穿成那樣。
請問神力女超人穿成那樣要怎麼與人搏鬥？
她大概不到一分鐘就會陣亡了。

——卡拉·迪樂芬妮[15]

微笑、揮手、裝扮，這些就是娜塔莉亞·沃迪亞諾娃在二〇一八年夏天於俄羅斯世足賽決賽期間的工作。

這位俄羅斯名模與當時的德國足球國家代表隊隊長菲利普·拉姆一同展示了冠軍獎杯。將獎盃領至球場後，身為足球選手的拉姆將其自保管箱中取出，並高舉過頭——娜塔莉亞·沃迪亞諾娃在一旁投以崇拜的眼光，並熱烈地鼓掌。她身穿亮眼的金色短洋裝，站在金色的冠軍獎杯旁，不免讓人心生懷疑——彷彿她也是獎勵的一部分，是可以被征服的。附帶一提，拉姆並沒有穿金衣，而是深藍色的西裝。

此以女性作為點綴與附屬品的畫面完全符合了刻板印象中女性美與消極

的特質，而這種千篇一律的形象充斥於各種運動賽事，例如在男性足球選手比賽時穿緊身衣跳舞的女性啦啦隊隊員，而自行車選手於環法自行車賽贏得一個賽段後，在頒獎臺上也會被年輕女性簇擁，並一同拍照留念。即使許多運動項目與競技比賽都逐漸汰除了這種將女性視為陪襯的貶低儀式，但**物化女性**的事件仍層出不窮。物化係指將女性形塑成消極的性物，以供（異性戀）**男性觀賞**。

這種對於女性刻板印象的呈現透過媒體往往能觸及廣大的群眾，例如在世足賽決賽期間穿著金色短洋裝的娜塔莉亞・沃迪亞諾娃光於德國就

15. 卡拉・迪樂芬妮（Cara Delevingne，一九九二—），英國模特兒與演員。引文出自其對於超級女英雄的想法。

男性注視

男性注視為女性主義電影理論，描述觀眾（無關性別）透過異性戀男性的角度觀看電影，並呈現出對於女性及其身體的慾望，例如攝影鏡頭常會對準女性的低胸領口或臀部。**男性注視**意味著：男性看，而女性被看。這個概念也常被用於其他媒體，例如對於廣告、電視或圖像藝術的分析。

有兩千一百萬名民眾看過（這數字還不包括在戶外觀看實況轉播的民眾）。

當然，物化女性的現象不只出現在運動場上，許多媒體都被認為形塑了有疑慮的女性形象，例如在廣告、音樂影片、電影與電視中，其中一個長期飽受批評的電視節目是**《德國超級名模生死鬥》**。

德國超模選秀：誰是全國最美的女性？

自二〇〇六年開始，海蒂．克隆每年都會在德國的實境節目中尋找下一位超級名模——有一百萬名觀眾在看著那些年輕女性爭奪**德國超級名模**的后冠。參賽者必須為了拍攝宣傳照在鏡頭前搔首弄姿、走上伸展臺，甚至在「選秀」期間勾心鬥角，只為了贏得刮鬍刀或汽車品牌業者的青睞。

節目的收視年齡群與參賽者相仿，以年輕女性為主，並廣受歡迎：一份二〇一七年的問卷調查結果顯示，有超過四分之一的十三至十九歲年輕女性將**《德國超級名模生死門》**視為最喜愛的電視節目。

《德國超級名模生死門》的關注重點在於參賽者的外表，她們會身穿比基尼在評審面前來回走動展示，並會因**姣好的身材**與**美麗的外貌**獲得稱讚，而不受青睞的參賽者會被無情地批評。身為評審之一的沃夫岡．喬普就曾在節目上說過：「妳的臉蛋相當漂亮，只可惜有一雙象腿。」

參賽者不僅需有高䠷與纖細的身材，還要有堅定的意志。評審主席海蒂．克隆就曾在第三季說過：「妳們必須堅強，我不想看見任何人哭哭啼啼。」

《德國超級名模生死門》展現出了年輕與纖細等女性理想美的形象，鞏固了其作為評判外表依據的地位。依此方式，節目傳遞了許多的訊息：第一，美是符合模特兒般的外貌條件；第二，對於美的追求是無止盡的；第三，人們可以批評女性的外貌（甚至可以尖酸刻薄）。若收看的女性觀眾以同樣嚴苛的標準評判自己的外貌，正好能在廣告期間接收到能讓自己看起來更美麗的產品資訊。

宣揚那些對於許多人而言難以達到的外在美，並不是此節目唯一的問題。**《德國超級名模生死門》**傳遞了一個訊息：若年輕女性想獲得成功，便須赴湯蹈火，在所不惜。參賽者必須屈就於評審或「客戶」的意志，若不願意在「改頭換面」時剪掉長髮、拒絕拍裸照，或與蟑螂在鏡頭前擺姿勢，遲早會被淘汰——《德國超級名模生死鬥》並不樂見女性出聲拒絕或主張身體自主權。

甚至有學者對此節目進行研究，而其中一個結論是：觀看**《德國超級名模生死鬥》**的年輕女性明顯地較常認為自己過胖。

另一項研究結果顯示，德國超級名模生死鬥會使厭食症惡化，此研究詢問了接受厭食症治療的患者，是否有任何節目對其病情造成了不良的影響，而**《德國超級名模生死鬥》**在所有回答中高居首位。有將近三分之一的患者（主要為年輕女性）認為，此節目對其病情造成了明顯不良的影響，另三分之一的患者認為，此節目對其病情造成了輕微不良的影響。

影視劇集中的性別形象：年輕的女性與幹練的男性

其他播出媒體如劇情電影、動漫影集與新聞節目都反映了特定的性別形象。羅斯托克大學的多名學者為了釐清當今德國電視上與電影中男性與女性的形象，共同分析了超過三千五百小時的電視節目與超過八百小時的德語電影。

研究人員首先指出，女性形象在呈現上有明顯的不足，因為螢光幕上男性的數量比女性多出了將近一倍。兒童節目中的差距更大：平均只有四分之一的主角為女性。此差距在兒童的幻想世界中更是可觀：在動物與魔幻角色中，女性只佔了九分之一。

除此之外，研究還涉及了不同的性別形象：電視上與電影中的女性人物多在三十歲以下，年紀越大，則露面的機會越少，反觀男性的白頭髮就不成問題。

不僅如此，女性因感情或伴侶關係露面的機率較男性多出了一倍，而男性更主

宰了世界的話語權，例如知性節目的男性記者（百分之六十四）、主持人（百分之七十二）與專家學者（百分之七十九）。

好萊塢電影所展現出的性別形象與德國的電影與電視節目相去不遠，在二〇一六所選出史上最受歡迎的九百部美國電影中，男性主角佔了多數，而女性僅佔了百分之三十一。同樣與德國情形類似的是，美國電影中的女性角色以年輕女性為主，而相較於男性，女性以大尺度服裝（甚至裸體）示人的比例也較高。

除此之外，針對美國電視節目的研究結果顯示，女性並不常以工作專業的

奇瑪曼達・恩格茲・阿迪契（出生於一九七七年）

「我們都該是女性主義者。」奈及利亞作家奇瑪曼達・恩格茲・阿迪契（Chimamanda Ngozi Adichie）曾於二〇一三年的一次節目演說中如此說道。這句話不僅廣為流傳，還曾被印製於上衣販售；歌手碧昂絲更曾將演說段落安插進自己的歌曲〈Flawless〉。除此之外，阿迪契還在二〇一七年發表了一份女性主義宣言，向父母們說明將女兒培養成獨立女性的方式。她不僅挺身爭取平權、對抗歧視，更是最重要的當代女性作家之一，且獲頒過許多文學獎項。阿迪契現在往來於美國與奈及利亞前首都拉各斯之間。

形象示人。

刻板印象的影響為何？人們不該低估負面的影響力，同樣地也不該小看正面女性形象的強大影響力，例如黛娜・史卡利。所謂的「史卡利效應」證明了虛構角色也能產生典範作用。此概念的命名依據為科幻影集《X檔案》中的科學家與聯邦調查局探員黛娜・史卡利，其電視首播於一九九三年。史卡利聰明、理性且自主，儘管她是一個書呆子，卻相當有魅力。有研究結果顯示，許多女性都受到史卡利這個角色的鼓勵，成為了自然科學家，不少於自然科學與科技領域工作的女性都將她視為典範。此外，許多女性也表示，史卡利是她們能夠在受男性主導的職場環境中堅持下去的原因。

貝克德爾測驗：女人有話說

早在黛娜・史卡利登上螢光幕前，漫畫家艾莉森・貝克德爾就察覺到女性總在電影裡淪為配角，且臺詞極少。在其於一九八五年所發表的漫畫作品《規則》（The Rule）中，貝克德爾便透過一名女性角色提供了建言。這名漫畫中的女性角色向朋友表示，自己只看特定的電影，而其需同時符合下列三項條件：

1. 至少有兩名女性角色有自己的名字。
2. 女性角色之間會進行對話。
3. 女性角色的談話內容並非總是與男性有關。

兩名被賦予名字的女性角色談論與男性無關的話題：艾莉森·貝克德爾在其漫畫作品中對於值得看的電影所制定的標準並不算高，而此標準往後以**貝克德爾測驗**的名稱為人所知。儘管如此，當今仍有許多電影未能符合此寬鬆的標準，例如在總片長近十個小時的《**魔戒**》三部曲中，女性角色之間就沒有符合貝克德爾條件的對話，甚至近期的《星際大戰外傳：韓索羅》也只是勉強及格。

貝克德爾測驗的啟發

好萊塢電影中的典型英雄形象是異性戀白人男性，因此除了女性以外，還有許多族群沒有被表現出來。受貝克德爾測驗的啟發，又陸續出現了其他針對電影中多元化的簡易評鑑，例如維托·羅索測驗（Vito Russo Test）評鑑的是女同性戀、男同性戀、雙性戀與跨性別的表現；杜韋奈測驗（DuVernay-Test）評鑑的是有色人種，亦即非白人的表現；提利昂測驗（Tyrion-Test）評鑑的是殘疾人士的表現。

貝克德爾測驗直截了當地揭露電影以男性為中心的程度。它不是對電影進行科學分析的工具，而是女性主義的經驗法則。它並非著眼於電影品質，也不會針對單一電影提出女性主義要求，因此即使一部電影中的女性角色僅談論節食與鞋子，也可能通過測試，例如懸疑電影**《蘿拉快跑》**以個性鮮明的女主角著稱，卻無法通過貝克德爾測驗。

廣告中的性別角色：性別歧視銷售術

《德國超級名模生死鬥》與女性角色沒有話語權的電影並不是非看不可，但一個人只要出門，就無可避免地會看見宣傳廣告，舉凡海報與傳單、在電視上與網路上，只要有廣告的地方，往往就有物化女性、性別歧視與刻板印象的問題。

穿著清涼或裸體的女性不只為內衣與比基尼品牌拍攝廣告，也為披薩、地磚與飯店做宣傳。她們的赤裸與所販售的商品毫無關聯，純粹是為了吸引眾人的目光，女性的身體完全是陪襯。相反地，透過裸體男性宣傳的手法並不常見。

廣告常見將女性與性暗示做結合，例如在一則青年旅宿的廣告上，模特兒只穿了一條丁字褲，上頭印了「24h open」（全天候開放）的字樣。

廣告同樣愛利用刻板印象，例如一間檸檬水製造商的廣告標語：「連男性都愛。」還有一間食品公司呼籲：「即使丈夫移情別戀，也要開心地為他烤蛋糕。」廣告中的女性身穿圍裙，而手上捧了足球造型的蛋糕。此外，廣告

性販售

那些將女性塑造成性物的廣告常被稱為「性販售」（Sex sells）；有些人認為，以性為產品行銷能促進銷售，但心理學家對此抱持了懷疑的態度——反而可能傷害品牌形象。可以確定的是，「性販售」並非大剌剌地展示性，而是透過（半）裸體女性進行性暗示。只要將目光投射在她們身上，就會與性產生關聯，因此裸體與否並沒有太大的差別。

也為誰該負責家務的問題給了明顯的暗示：清潔用品與家電廣告的主角多為女性，其負責揮舞紙拖把與操作洗衣機。若希望邁向一個不將清潔視為女性工作的世界，如此的形象展現絕對毫無幫助。

這些廣告吹捧完美，進而使年輕人追求纖細的身材、無瑕的肌膚與柔順的頭髮，並開始化妝、打光，甚至花上數小時的時間用修圖軟體加工照片，只為了盡可能地貼近模特兒般的外貌。然而，幾乎沒有人能夠真正地符合那些加工照片上的形象。

這些加工照片反映了人們期望中的外貌形象，而用來行銷產品的完美半裸女性身體也隨處可見，使人們忽略了現實生活中帶有皺紋、疤痕、青春痘與生長紋的身體。

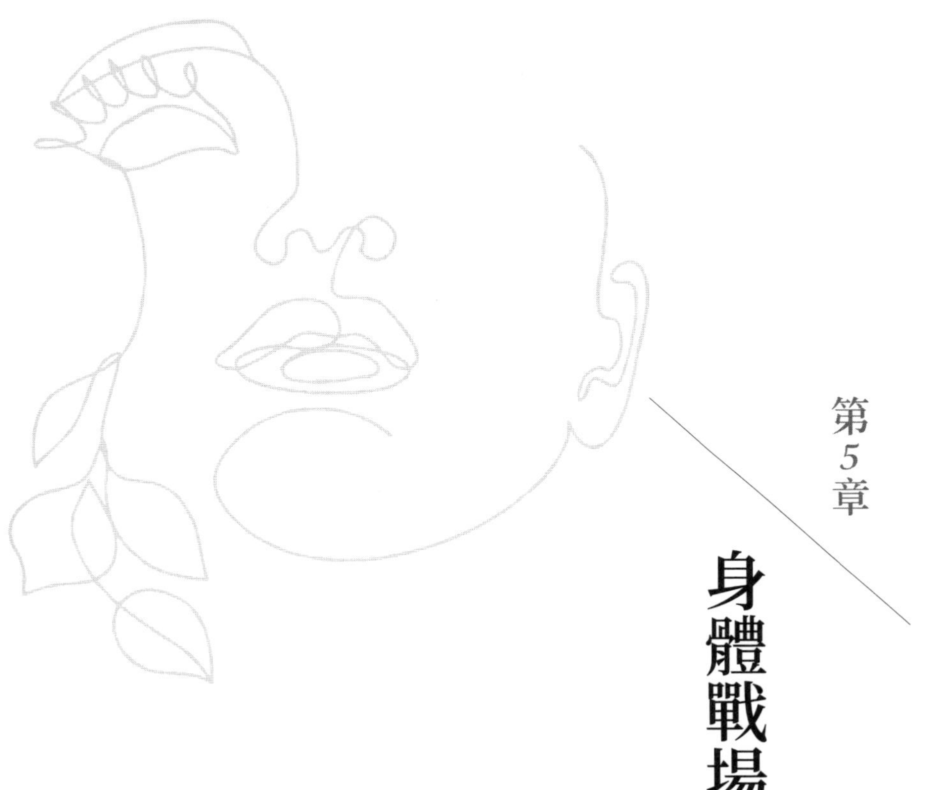

第5章

身體戰場

抱怨他人身體的人，就是非女性主義者，除非對方的身體重壓在你身上。

——瑪格麗特・史托夫考斯基[16]

人的身體只有嘴唇、手掌與腳掌是天生光禿禿的，除此之外的其他身體部位都有毛髮，如腿上、腋下、臉上與私密部位。有人是細髮、有人是粗髮，有人是金髮、有人是黑髮。然而，毛髮無論如何都不受女性歡迎：她們會刮毛、剃毛、蜜蠟除毛或漂白不樂見的毛髮。

她們認為，除了頭頂以外，其他的身體部位都該要是光禿禿的。尤其是夏天，暴露在外的身體部位的毛髮更容易被人看見，因此在前往露天游泳池之前，便須先將小腿上的腿毛去除乾淨——泳褲周圍更不該有任何毛髮露出。一項萊比錫大學的調查結果

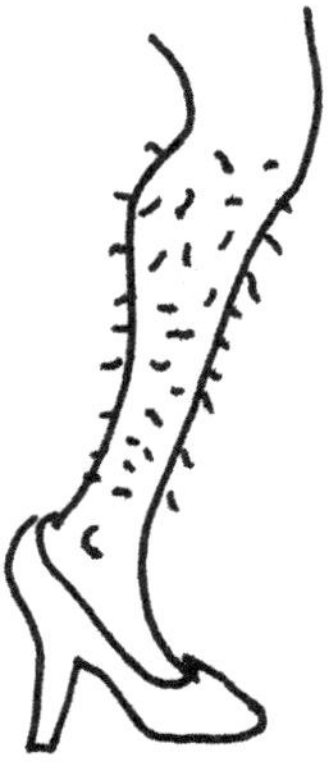

顯示，十四至十七歲的年輕女性有三分之二會經常或定期去除特定身體不同部位的毛髮，十八至三十歲的女性則超過八成。年輕女性主要去除腋毛、腿毛與陰毛，但除毛不僅麻煩，還相當耗費時間與金錢。除此之外，還可能有惱人的副作用，例如細小傷口、痤瘡與毛髮倒插等問題。究竟為什麼有這麼多女性願意承擔如此風險？

審美標準與身體羞辱

很簡單，因為除毛是我們社會對於女性的**審美標準**之一，如同苗條、健美的身材，以及無斑點與皺紋的小麥色肌膚。許多人都將此理想美的形象內化成自己的審美標準，在針對除毛的研究裡，許多受訪者都表示，她們除毛是出於自願，並符合自己的審美觀。然而，事實真是如此嗎？如果廣告與媒體從沒出現過任何與除毛相關的內容，結果還會相同嗎？於此同時，部分女性又會在冬

16. 瑪格麗特・史托夫考斯基（Margarete Stokowski，一九八六—），波蘭裔德國作家與女性主義者。

天任由腿毛生長，並以長褲遮掩。換言之：毛髮若不會見人，就沒有問題。

研究結果顯示，「衛生」也是女性除毛的常見原因之一，但陰毛事實上提供了保護的作用。它們能夠阻隔細菌，避免其進入陰道，除此之外，除毛所產生的細小傷口可能會使皮膚受到感染，因此婦科醫師們對於私密處除毛並不樂見。

審美標準的影響力，尤其會在一個人不符合期待時展現出來：擁有深色或粗硬髮質的年輕女性常會聽到他人對其體毛的批評，例如**不女性化的**手毛、**令人反感的**短鬍鬚與**不雅觀的**腳趾毛。這只是身體不符合理想形象的女性會遭遇的部分批評，又被稱作**身體羞辱**。人們會批評他人的身體特徵，欲使其產生罪惡感。

若一名女性在群眾面前展示其不符合審美標準的身體，所引起的批評可能會更加強烈。瑞典模特兒艾維達·畢斯托姆不久前為運動品牌拍攝了一系列的宣傳照，人們對於此運動品牌並不陌生，引人注目的是艾維達·畢斯托姆的腿毛。在粉紅色中筒襪與奶油色蕾絲洋裝的襯托下，她的腿毛相當地搶眼。此運動品牌似乎想透過一系列的形象照表態對於女性主義的支持，但女性的身體在鎂光燈下很難擺脫遭到批評的命運：艾維達．畢斯托姆之後在 Instagram 上表示，自己在照片公開後，收到了許多下流的訊息與性侵威脅。

佔空間的女性

身體羞辱的主要對象是肥胖的女性，因此又被稱作**肥胖羞辱**。在我們社會對於女性身體的評價上，體重是最重要的一環。一名身材不苗條的女性，必須日復一日地面對他人的閒言閒語與不友善的目光。肥胖的女性若沒有用布料覆蓋身體，亦即穿著短褲或露出腹部的短上衣，便會遭受批評。除此之外，人們會主動給予建議，要她們注意健康或多做運動。甚至肥胖的孩童可能連一包餅乾都還沒吃，就會因身材而遭到斥責。除此之外，肥胖的民眾也飽受偏見之苦，例如肥胖的女性常被認為學識較低或工作能力較差。人們常將肥胖視為是懶惰、無自制力、無自我約束力、不衛生、沒有責任感與愚蠢的象徵。

源自於美國的**接受脂肪運動**就是在與肥胖民眾被汙名化的現象對抗，由於受歧視的對象以女性為主，此運動亦屬於女權運動的一部分。除了不符合社會對於女性的審美標準以外，可能的原因還有，肥胖的女性佔了比預想更多的空間。然而，男性也常佔用額外的空間，這可從大眾交通工具的使用習慣一窺端倪：男性常開腿坐——此坐姿又被稱作**男性開腿**——而女性常蹺腳坐，以縮小自己的身形、不佔太多的公共空間，但這肥胖的女性無論如何都做不到。

社群網路的影響：完美的常人與大腿間隙挑戰

不僅媒體與廣告會明示女性的理想身體形象，在社群網路上，女性也會對彼此施加壓力。那些搔首弄姿並套用濾鏡的照片傳遞了一個訊息：不只有模特兒與明星能夠綻放光芒，我們這些平凡人也可以。這些人因此成為了相互比較的對象，例如好朋友、同學或派對上認識的同儕。

一項美國研究顯示，普通身材的女性形象尤其會引起對於自己身體的不滿。過程中，受試者會先拿到三張沒有顯示模特兒臉部的比基尼照片，之後會再拿到三張「還原」出模特兒臉部的比基尼照片，其中有演員潔西卡·貝兒、網球選手小威廉絲與模特兒坎蒂絲·斯瓦內普爾。在面對匿名且沒有顯示頭部的照片時，受試者對於自己的身體釋放出了較負面的情緒。原因在於，她們知道明星對自己的外表投入了大量的精力，因此匿名的照片就成了比較的對象，使她們認為自己也該擁有同樣的身材。

Instagram 尤其成為了比較的空間，人們會於此平臺進行身材挑戰：使用者會上傳自己特別苗條的身體部位，以「通過」挑戰。大腿間隙挑戰關於緊閉大腿的間隙，比基尼橋挑戰關於泳褲在小腹上方呈現的橋狀隆起——骨盆所撐起的泳褲須於小腹間出現空隙，參與Ａ４腰挑戰的女性腰寬要能隱藏於直立的Ａ４紙張後。

這些挑戰的共通點在於，推廣極度纖細的女性美形象，但對許多女性而言，無論節食多久或做多少運動，緊閉的大腿與Ａ４腰基於先天條件根本無法達到。一項英國研究顯示，Instagram 會對青年與青少年的身體印象產生極度不良的影響。

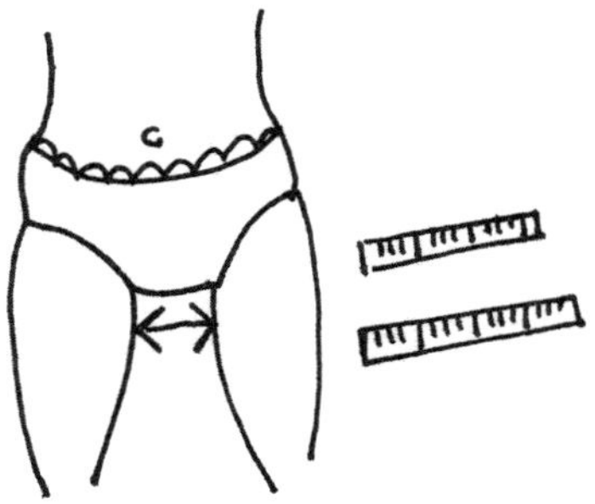

身體自愛運動：任何身材都沒有問題

於此同時，身體自愛運動過去幾年來在 Instagram 一類的社群媒體上逐漸獲得矚目，其主張任何身體的模樣都值得愛護，無須改變。**身體自愛運動**所對抗的是，長久以來對於身體「好」與「壞」、「美」與「醜」的評價，其認為沒有人必須為了展示身體或諸如此類的活動減重、增重、維持肌膚緊實與無瑕。即使有贅肉，仍能穿束腿褲或露出腹部的短上衣；即使胸部不大，仍能穿巴伐利亞的傳統服飾（Dirndl）。僅為了穿上比基尼而健身或節食，以獲得苗條的身材（甚至是比基尼橋），並沒有必要。

身體自愛運動無關乎體型的較量，也並非意在貶低過於纖細的女性，而是要抹去特定的身體理想形象，進而突顯美的多樣性。

即使部分時裝或美妝品牌願意表態支持身體自愛運動，例如雇用模特兒展示大尺碼服飾，或不用電腦軟體美化宣傳照，時尚產業仍受惠於一個根深柢固的觀念：女性身體是需要美化的。無論如何，總有人對於橘皮組織防護霜、集中胸罩、束腹與打造苗條身材的健身方案有需求，而廠商也樂於為女性身材的不同需求設計新產品。女權人士羅利．佩尼（Laurie Penny）便曾以誇大的方式說過：「若地球上所有女性明天起床後，都對自己的身體感到滿意，將使全球經濟瞬間崩潰。」

美的標準與性別平等

當今男性也在審美標準下承受了龐大的壓力，諸如扁平的腹肌、傲人的胸肌和健美的二頭肌。他們同樣地被媒體、廣告與社群網路灌輸理想的身體形象。乍聽之下好像達到了兩性平等，這卻不是個良好的方式。因為只要是受制於特定的美的形象，無論對誰而言都不是件好事。

儘管如此，女性因外表評論所承受的壓力仍遠大於男性，例如**性別定價**現象。此概念指的是針對不同性別的產品或服務定價，針對女性外表所設計的產品與服務往往較男性貴得多，例如女性理髮就比男性貴，而這並無關乎頭髮的長度。除此之外，女性襯衫的乾洗價格也較男性高，甚至女性桃紅色的除毛刀也較男性藍色的刮鬍刀貴。原因在於，業者深知女性較男性願意為外表投入金錢。

外表對於女性而言到底有多重要？一項女性雜誌所揭露的問卷調查結果或許能提供答案：面對「是否願意以十分的智力彌補一項外表缺陷？」這個問題，多數女性給出了肯定的答案。

然而，女性如此在意外表的原因又是什麼？身為作家與女權人士的娜歐蜜．沃夫（Naomi Wolf）認為，兩性越是平等，女性所面對的外表壓力便越大，只會越陷越深：「女性越是能擺脫子女、廚房、教堂的價值束縛[17]，便越會受到社會對於美的迷思擺佈。」其於著作《美的迷思》中如此寫道。

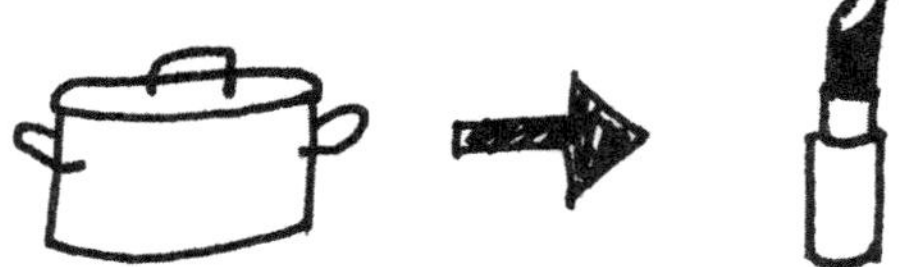

美麗的代價：飢餓與不滿

對大部分女性而言，光是符合一般理想美的形象並不夠，她們還在意 90–60–90（公分）的胸－腰－臀部比例與大腿間隙。許多女性擔心自己不符合這些條件，因此常問道：這件牛仔褲會不會讓我從後面看起來很胖？我是不是要再瘦一點，穿這件裙子才會比較好看？儘管只有少數年輕女性過重，但在十三歲的女性中，有半數認為自己過胖，十五歲的女性有四分之一嘗試過節食，年輕女性則有三分之一對於吃會感到良心不安——冰淇淋、巧克力與披薩因此成為了「罪惡」的代名詞。

羅伯特．科赫研究所二〇〇七年在一項研究中發現，十一至十七歲的年輕女性中，近三分之二的人有飲食失調的症狀。飲食失調在當今社會較以往常見，甚至患有厭食症的年輕女性數量也增加了一倍：每十萬名十五至二十四歲

17. 譯註：德國傳統價值觀中的女性歸屬。

的女性中，患有厭食症的人佔了五十名，比先前增加了三十名，其中更有超過十分之一的患者因此死亡。

飲食失調是一種複合型疾病，致病原因不一，但能確定的是，極瘦的理想美形象與對於過重的汙名化是關鍵。於此同時，沒有致命風險的飲食失調讓患者認為體重在自己的掌控之中，社會對於女性外表所賦予的不切實際的期待，促使節食、暴食與催吐成為了控制體重的方式。

服裝規範：穿上你的衣服！

女學生可以在學校穿熱褲嗎？黑森林實用中學的校長在二〇一五年的夏天給出了否定的答覆。校長在家長通知中寫道：「我們近來發現，實用中學的女學生經常穿著挑逗。」他認為，穿著挑逗在校園中是不允許的，因此與學生及家長共同制定了服裝規範：「若於校園中穿著挑逗（如露出腹部的上衣與熱褲），當事人須向校方領取一件大尺寸上衣，並穿著至放學。」

即使此服裝規範亦適用於同校的男學生，但從校長的通知信裡可以明顯地看出，主要是針對穿著清涼或「挑逗」的女學生。校長的用詞道盡了一切，而「挑逗」意味著，熱褲與露出腹部的短上衣會引起他人的「遐想」，亦即女同學露出的腿部與腹部會使男同學上課分心。然而，女學生該為男學生的上課分心負責嗎？女學生在三十度的高溫穿著透氣衣物，而男學生卻緊盯著對方的身體，為什麼問題不在於後者？追根究柢，無論男學生或女學生都該在校園裡享有穿著自由。

除此之外，二〇一八年四月在佛羅里達的一所高中也發生過類似的情形：一名十七歲的女學生因為只穿了一件灰色的長袖上衣，沒有穿胸罩，就被趕出教室。女學生一開始因為上衣材質所產生的激凸而被要求多穿一件上衣遮掩，之後更被要求使用胸貼。校方認為，女學

生的行為會使其他男學生上課分心。她之後在推特上對校方的反映表達不滿：女學生若不穿胸罩就不准進入教室上課，暗示了校方認為，男學生的受教權較為重要，除此之外，校方將身體性化也是一個問題。

奇怪的是，宣傳廣告喜歡展示半裸女性的身體，但現實生活中的女性卻被要求不該穿著太過「挑逗」，甚至涉及到校園。可想而知，女性也不能光著上身在海邊游泳與做日光浴，而男性在這方面卻有著明顯的差異；除此之外，人們也能接受男性激凸，明明有的時候，肥胖男性的胸部看起來與女性的胸部相去不遠，但男性的上身永遠就只是上身，而男性裸體就是與女性裸體不同，不總是與性有關。

看不見的「下體」

該稱為陰部還是陰道？每當話題涉及女性的性器官，總是亂成一團。人們往往將女性雙腿間的部位錯誤地統稱為陰道（Vagina）。

在此澄清，**陰道**指的是體內通往子宮的柱狀通道性器官，而**陰部**是體外的性器官，包含了大陰唇、小陰唇與陰蒂。

從女性主義的觀點來看，人們在口語使用上對於陰部一詞的忽略，意味著我們的文化對於女性性器官的忽視，有時甚至會被生物學相關書籍遺忘。陰部的形象在公共場所並不常見，但陰莖卻無所不在，例如牆上、廁所門上與招牌上的塗鴉。

在西方文化中，陰部長久以來都見不得人，超過兩百年來，人們將男性與女性視為相反的兩者，並積極研究其中涉及性別的生物差異，以致於忘了陰蒂是女性獲得性歡愉的中心；一如前人所說的，它就是女性的陰莖。

人們之後將女性的性器官統稱為陰道，從異性性行為的角度來看，女性的陰道與男性的陰莖在物理上完美地契合。女性的性器官也因此被簡化成一個「洞」看待，使陰部受到了忽視，這或許是陰蒂的尺寸直到一九九八年（驚！）才被確認的原因之一。

VIVA la VULVA

陰部在文化上受到的忽視，解釋了越來越多女性接受陰唇縮小手術的現象（撇除色情影片不論）：在私密處除毛興起後，陰部不再被陰毛遮蔽，而是大剌剌地暴露在外，受到文化的影響，許多女性因此認為陰唇是醜陋的。

月經是禁忌：藍色的經血

如同陰部，月經也常受到我們文化的忽視。儘管半數人都有經期，它卻被看作是禁忌話題：女性不該在提及經期時被男性察覺，而索取衛生棉條時應降低音量，甚至到廁所還要遮遮掩掩。廣告上的衛生棉總是吸收了藍色的「血」，但為什麼要迴避真正的經血或紅色的液體？人們或許會感到噁心，但不只衛生用品業者如此認為，連社群媒體也是：Instagram 在二〇一五年刪除了一張藝術家露比・考爾（Rupi Kaur）躺在床上的照片，因其運動褲與床單上沾染了紅色的血漬，在抗議聲浪出現後，Instagram 還原了這張照片。

人們將月經視為禁忌已有數千年的歷史，甚至直到數十年前，經血仍被認為帶有毒性。除此之外，人們還有五花八門的迷信，例如女性不應在經期醃漬蔬果、打鮮奶油與電燙捲髮。這些當然都是無稽之談，且完全沒有科學研究能夠證實。儘管如此，至今仍有部分文化將經血視為不潔之物：在印度、尼泊爾、肯亞、迦納與委內瑞拉的部分地區，每個月都會有上百萬名女性因出血而被社區隔離：規範各有不同，她們可能不能飲用井水、不能進入廟宇、不能擠牛奶或是不能煮飯。儘管自約二〇〇五年起，相關行為已於尼泊爾被禁止，但經期中的女性仍常被關入土屋或牲畜棚隔離，她們因此會被動物攻擊，甚至被男性性侵。

過去數年來，許多女性與如露比・考爾一類的藝術家都曾在公開場合穿著沾染經血的運動褲。為抹除禁忌色彩，有藝術家曾以經血作畫，也有人用從陰道抽出的

羊毛編織圍巾。甚至一名美國的女性運動員在經期期間參加了馬拉松，且沒有使用衛生棉條，因此出血相當地明顯；而一名卡爾斯魯爾的女學生在當地的路燈、公車站與牆上張貼寫有女性主義標語的衛生棉，例如：「試想男性厭惡性侵的程度等同於厭惡月經的程度。」

身體自主權

簡言之，我們的社會鼓吹了難以達到的理想美形象，制定了限制被性化服裝的規範，並將自然的生理現象視為禁忌，女性的身體因此受限於無數的社會規範與禁令。女性主義者對此表達了強烈的不滿，因此她們是最不可能會對女性身體指指點點的人。女性主義意味著，女性對自己的身體擁有決定權，因此每個人都應該能夠自己決定要不要化妝或要不要除腋毛。

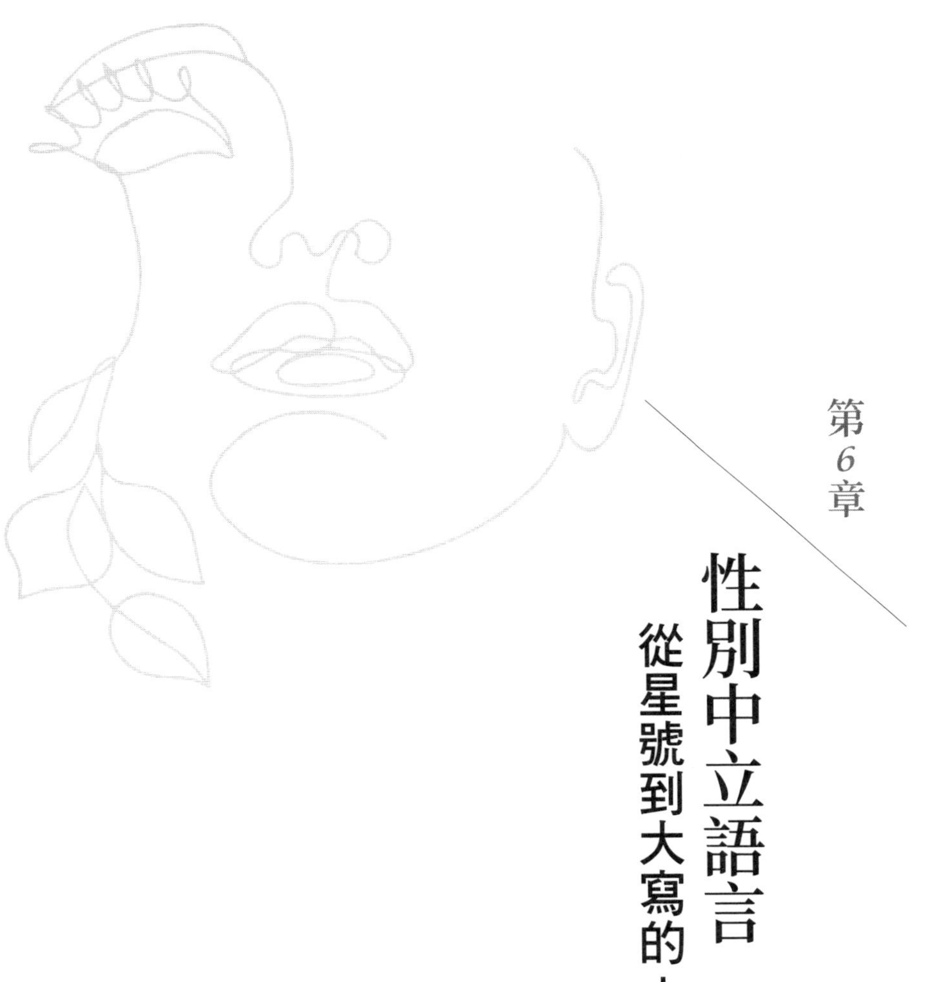

第6章

性別中立語言

從星號到大寫的I

女性並不值得一談。

——路易斯・普許[18]

瑪莉絲・克雷默（Marlies Krämer）為退休人士，她是薩爾布呂肯一間儲蓄銀行的客戶。由於銀行未在表單上稱呼她為「女客戶」、「女帳戶所有人」與「女存戶」，而是「客戶」、「帳戶所有人」與「存戶」[19]，瑪莉絲・克雷默因此表達了不滿，她希望自己在表單上能以女性被稱呼，因此高齡八十歲的她一狀告上了聯邦法院。

這對瑪莉絲・克雷默而言，當然不只是銀行表單的問題，她已經為性別中立的語言奮鬥了三十年。她於九〇年代連續數年未更換新護照，直到能以「女持有人」的身分簽名，該欄位名稱在此之前為「文件持有人」。她隨後為氣壓的命名發起了連署，結果也同樣成功：自一九九九年起，每年的氣壓會輪流以男性與女性的名稱被命名。在此之前，高氣壓往往會被賦予男性的名稱，而低氣壓會被賦予女性的名稱。瑪莉絲為此感到不妥，因為背後的涵義為：男性是好天氣，而女性是壞天氣。她深知語言的力量，因此對女性與烏雲的連結表達了強烈的反對。

所有人都是指涉對象

提及男人，卻指涉所有人——這是德國的日常。這裡談論的是日常語言中不準確的「陽性」用法。一方面，陽性能夠泛指一切，因此所有人都該「感同身受」，知道自己也是被指涉的對象；另一方面，陽性能在涉及特定性別時，專指男孩與男人。這種用法顯然有失準確性，例如在談論一群學生時，對方完全無法得知，其中是否包含了女學生。

這種囊括其他性別的「陽性」用法相當地荒謬，在德語（及其他數個語言）中，一個一百人的群體，只要其中一人為男性，便可能使其他九十九名女性從

18. 路易斯．普許（Luise F. Pusch，一九四四—），德國語言學家與德國女性主義語言學之共同創始人。

19. 譯註：克雷默希望所有指涉她的名詞均能以陰性變化呈現，以突顯其性別。

表面上消失。例如記者、廚師與園丁等名詞的陽性複數，便會抹煞從事同樣工作女性的存在。

受語言影響的世界觀

問題在於，德語並非只有中性。不僅我們使用語言描述世界，它也會反過來影響我們的感受，無論原本所指為何。有科學研究證實，當談及素食主義者與運動員時，人們會首先想到男性，使女性備受忽略。「女性外科醫師」之類的用詞會對讀者造成閱讀干擾，但「男性外科醫

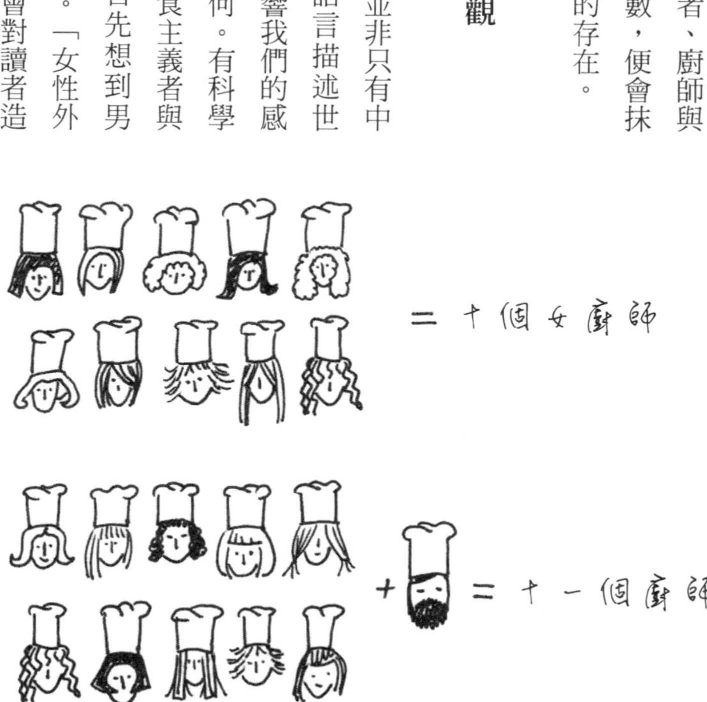

師」卻不會，因此在一般情境中，讀者須於腦中對陽性詞彙的指涉對象**有意識地進行轉換**。

這會造成一個麻煩：人們在閱讀或聆聽時，必須依據印象中「典型男性」與「典型女性」的形象作判斷。有語言學研究指出，人們在聽到如「飛行員」、「資料學家」與「物理系學生」等詞彙時，會首先聯想到男性，在聽到「收銀員」、「化妝師」與「心理系學生」時，會首先聯想到女性。

性別中立語言的變體

這裡談的是語言的準確與中立性，而德語在性別正確方面有許多能夠「性別化」語

朱迪斯．巴特勒（出生於一九五六年）

朱迪斯．巴特勒是美國哲學家與語言學家，她不僅是性別研究的創始人，更可說是學術明星。巴特勒在一九九〇年透過《性別麻煩》這本學術著作進行了女性主義理論的改革，並為性別現象的觀察提出了不同的見解：她一反過去，不對生理性別與社會性別加以區分，並認為唯一的性別就是社會性別，除此之外，她認為，社會性別只有男性與女性兩類，否則便會衍生出無限可能，巴特勒的論述有著龐大的影響力，卻也飽受批評。

言的方式。然而，在此談論「性別化」可能會有造成混淆之疑慮，因為在一般情境中，德語已被性別化為陽性了，而受益者當然是男性。在此基礎上，人們不試圖突顯特定的性別，而是要彰顯性別的多元化：男性、女性，以及所有無法被歸於這兩類的人們都該被語言囊括。人們為了實現性別平等，針對「陽性」發展出了不同的替代方案。

為了不用陽性的「學生們」（Schüler）一詞指稱一群上學的年輕人，可以分開寫成「女學生們與男學生們」，若認為這種寫法太過繁瑣，可以為陽性詞彙加上陰性複數的字尾[20]，並將I大寫成「SchülerInnen」，也可以寫成 Schüler/innen，或交互使用不同的形式，時而寫 Schüler，時而寫 Schülerinnen。甚至在沒有指涉特定性別的情況下，將「他」與「她」交互使用。

還有一種方式，是刻意地顛覆日常的語言使用習慣，亦即在一般情境中使用陰性詞彙，並將男性囊括為指涉對象，例如以 Schülerinnen 一詞指稱一個成

員非全為女性的群體[21]。此用法被稱為「通用陰性」，且為包含萊比錫大學在內的機構所接受，「通用陰性」所造成的思緒混亂突顯了日常語言使用上的不公正：「通用陽性」因無法準確地反映指涉對象，會造成同樣的理解困難，人們無法在第一時間明確得知，對方所指的對象是否還包含了其他的性別。

儘管將I大寫、加入斜線與明確地列出兩種性別都是常見的性別化變體，所產生的效果卻依舊有限，因為德語仍舊僅能反映出男性與女性。一個人若未能在男性與女性的分類中找到歸屬，便會感到遭受排擠，為了將無法被歸於此兩性別的人們納入考量，有人傾向使用中性語言（在此書中也常是如此），例如使用「alle」而非「jeder」，使用「Team」而非「Mannschaft」[22]。

除此之外，將動詞名詞化也是常見的方式，例如以「Teilnehmende」取代「Teilnehmerinnen」與「Teilnehmer」。為此，一個如「teilnehmen」這類能被

20. 譯註：德文陰性詞的複數字尾為 innen。
21. 譯註：Schülerinnen 為德文「學生」一詞的陰性負數。
22. 譯註：作者在此所舉的兩個例子均為同義字，前者為「所有人」，後者為「隊伍」。意在說明部分單字的結構會反映特定的性別。

名詞化的動詞是基本要素[23]，若想為上學的「女學生們」（Schülerinnen）與「男學生們」（Schüler）尋找替代方案，這個方式便行不通[24]，以授課為業的人們就可以：「教師們」（Lehrende）能夠取代女教師們（Lehrerinnen）與男教師們（Lehrer）[25]。儘管這個變化套用在部分動詞上並不常見，但套用在一些動詞上已是常態：人們往往會以「大學生們」（Studierende）取代「女大學生們」（Studentinnen）與「男大學生們」（Studenten）[26]。

反性別化

若想以性別正確的語言表達或書寫，又不想過於引人矚目，分詞變化與其他不起眼的性別化變體是理想的方式。畢竟大張旗鼓地在語言的性別化上做文章，往往會碰一鼻子灰或遭到斥責，並被認為是在操作意識形態且不夠客觀。

對此，藍恩・宏善特（Lann Hornscheidt）有過類似的經驗：宏善特不認為自己是男性或女性，且直到二〇一六年才在柏林洪堡大學獲得教授職位。宏善特於二〇一四年提出建議，以 x 作為新的性別化字尾。例如給宏善特的信，開頭就該寫成「Sehr geehrtx Profx Lann Hornscheidt」[27]，而口語也是直接照著念，此概念背後的思維是，不以特定的性別指稱一個人，並藉此突破兩性框架。藍恩．宏善特因此受到排山倒海而來的仇恨言論攻擊，甚至還有人在 Facebook 上針對性地提出了接受安樂死的建議。

此性別化的 x 字尾建議至今仍未被付諸實踐，在突顯性別上，當今有另外兩種較常見的方式，亦即星號與底線——俗稱性別星號與性別空格。星號與底線不只關於性別平等，也可看作是指稱例如「包含女學生們與男學生們在內所有上學的人們」的替代寫法——寫成「男女學生們」（Schüler*innen 或 Schüler_innen）。

23. 譯註：作者以德文的動詞「參加」（teilnehmen）為例，在原形字尾加上「de」，並將第一個字母大寫（德文名詞的第一個字母均大寫），便可隨情境指稱做此動作的男性與女性，亦即「參加者」；藉此取代「女性參加者們」（Teilnehmerinnen）與「男性參加者們」（Teilnehmer）的用法。

24. 譯註：德文「學生」的字構與動詞無關，因此無法套用「將動詞名詞化」的方法。

25. 譯註：將「授課」的動詞原形（lehren）進行與前例相同之變化。

26. 譯註：依據「研習」的動詞原形（studieren）進行與前例相同之變化。

27. 譯註：意即「敬愛的藍恩．宏善特教授」，並以 x 取代所有陰性、陽性與中性的字尾變化。

星號與底線屬於性別正確語言的積極表現方式，除了可能會引起反彈，這種書寫形式當然也會吸引同樣立場人們的注意。至於對此議題感興趣的人們，它也提供了一個解釋的機會，說明「通用陽性」不僅不精確，也不公正。

然而，批評的言論內容往往尖酸刻薄，且始終如一，例如：性別敏感的語言不僅不優美，還會造成閱讀困難，除此之外還有：語言的形式不該被人為介入，況且大家一直以來都這麼說話。然而，事實並非如此。換句話說，語言是持續變動的，例如人們從前稱未婚女性為「小姐」（Fräulein），但這種說法如今已不再常見。

除此之外，性別正確的語言並不會造成閱讀困難，而這能透過一項藥物使用說明書的閱讀與理解測試獲得證實：第一組受試者拿到了以「通用陽性」寫成的使用說明，例如指稱「糖尿病患者們」與「病患們」，第二組拿到了以中性語言寫成的使用說明，例如「人們」、「涉及對象」與「男性與女性糖尿病患者們」，第三組拿到了大寫I的版本，例如「男女性糖尿病患者們」

（DiabetikerInnen）。所有受試者在之後接受了測試，看他們還記得多少使用說明上的內容。這是一個針對理解程度的客觀測試，能看出那些說明文字的閱讀難易度。研究結果顯示，性別正確的語言並不會對文本內容的閱讀與理解造成負面影響——至少讀過那些文字的男性也如此認為。

對於「通用陽性」比較美的看法也有不同，撇除這是主觀感受不論，語言也並非總是美的，例如人們就不會以同樣的理由為法律條文的書寫方式表達反對。若真要考慮美學的問題，或許該先自問：美麗的語言與平等的語言，哪個比較重要？

除此之外，反對性別正確語言的說詞還有：透過星號表達「男女學生們」（Schüler*innen）太奇怪了，難道要讀成「男星號女學生們」（Schüler-Sternchen-innen）嗎？對此，重視性別正確語言的人們早已有了解決之道：口語上，在星號（或底線）處短暫停頓，讀成「男（停頓）女學生們」，此寫法並非指稱一群上學的女性，因此這兩個符號的功能異於破折號[28]。

28. 譯註：這裡解決的問題是，若在口語上忽略「男女學生們」（Schüler*innen）的星號，讀起來便會與「女學生們」（Schülerinnen）相同，易造成混淆。

針對改革獨厚男性的語言，有許多的原因與可行的方法，但薩爾布呂肯的儲蓄銀行暫時還不會流失它的「客戶們」，或眾「女性客戶們」（KundInnen、Kund_innen、Kund*innen、Kundx）——因為聯邦最高法院於二〇一八年三月判定，瑪莉絲．克雷默無權要求對方稱呼自己為「女客戶」或「女存戶」。承辦法官認為，儘管通用陽性確實有可議之處，並有歧視女性之嫌，但連有效的法律條文在泛指情況下都會以陽性書寫，實在沒有理由要求一間銀行在語言上徹底地實現性別平等。為了性別平等的語言，瑪莉絲．克雷默決定要繼續上訴到憲法法庭。

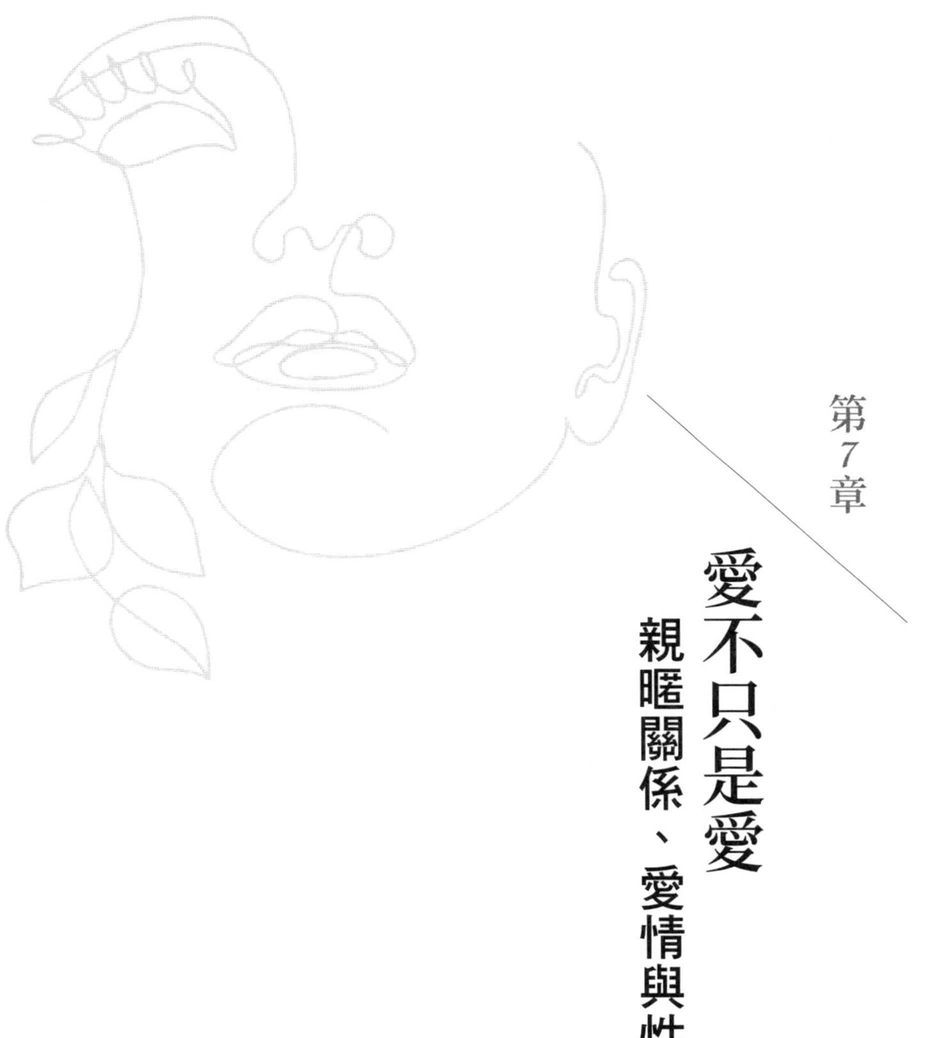

第7章

愛不只是愛

親暱關係、愛情與性事

我認為，這個世界需要多一點愛、歡愉與高潮，我們的社會對於歡愉並不友善，苦難相較之下較能夠被接受。我想讓女人們知道，她們是強大的有性生物，只是被限制住了，並被教導成扮演取悅男性的角色。

——安妮・斯普林克爾[29]

二〇一八年三月，一張接吻照震驚了德國媒體，而照片主角是德國名模實境節目製作人海蒂・克隆（四十四歲）與「東京飯店」樂團吉他手湯姆・考利茲（二十八歲），當時的相關報導無不提及女方較男方年長十六歲這點。《亮點》週刊沒下重手，說這年齡差距並「沒有問題」，只是「有點怪」，甚至有人計算，當克隆已經在擔任泳裝與內衣模特兒時，考利茲還在讀小學，使這段關係聽起來莫名地汙穢與不道德。

雖然部分針對克隆的批評是可以理解的，例如她在《德國超級名模生死鬥》中傳遞的女性理想形象（詳見第四章），但批評她與較年輕伴侶的感情關係，則暴露了明顯的社會偏見，亦即誰能與什麼樣的對象在一起。人們往往能接受年長的男性與年輕的女性在一起，反過來卻不行，感情方面的道德魔人甚至會以不同的角度打量情侶，例如：「女方竟然年紀比較大！」、「女方有博士學位，男方卻只有高職畢業！」、「女方稱不上漂亮，男方卻有模特兒般的外表！」、「等著吧，看他們能撐多久！」這些都是媒體與周遭人士的關注重點，並反映出了對於感情中性別角色的期待：女人是花瓶，需要男人的細心呵護。

二〇一五年夏天，青少年雜誌《Bravo》發表了一篇網路文章，為讀者提供感情建議，〈成為萬人迷的一百個秘訣〉這篇文章旨在教導少女讀者吸引少男目光的方式，例如：「許多年輕男性都喜歡女性臉頰紅潤，因此一定要畫腮紅，那會讓妳看上去更加健康與性感。」以及「若心儀對象在身旁，請壓低聲線，那會讓妳聽起來更加成熟與性感。」還有「項鍊能讓妳看上去更加性感，並把男性迷得團團轉。」文章供稱，透過清單上所列出的十三個秘訣，女性能讓自己變得更加性感，而其中的共通點是「適度」：「不要打扮得太過豔麗，低胸與短裙只會使自己顯得廉價。」

29. 安妮．斯普林克爾（Annie Sprinkle，一九五四—），擁有美國博士學位的性學家與表演藝術家，曾為情色影星。

處女與狐狸精

可以性感，但別像個狐狸精！《Bravo》雜誌透過這個矛盾的訊息呈現出了現實生活中的厭女概念——**蕩婦羞辱**。在這個概念下，享受性愛的女性會受到抨擊，甚至有人認為，她們不該從事性行為。即使不涉及性愛，一名女性若穿著清涼或緊身的服飾，抑或是過度化妝（標準從何而來？），仍會被貼上「不檢點」的標籤。這些用詞在在顯示，一切都與性有關，而女性應與其劃清界線。

將女性貼上「騷貨」、「婊子」、「蕩婦」或「性成癮」等標籤，僅因其與「過多」男性有過性關係，或「太快」與男性發生性關係，就

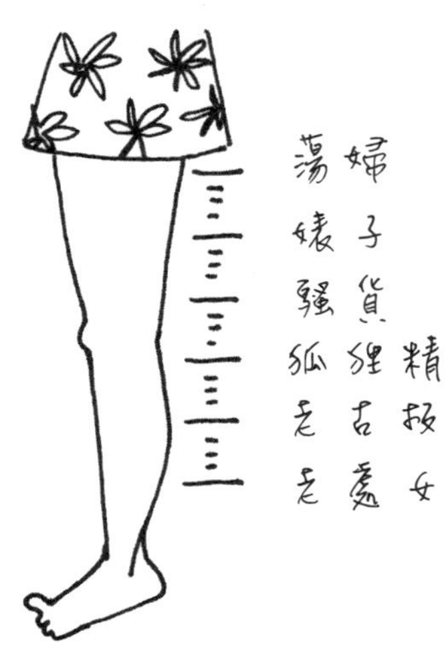

是**蕩婦羞辱**概念的體現。部分男性會批評性經驗豐富的女性，例如說她們「陰道鬆弛」，因此與其發生性關係無法獲得滿足，也有女性會批評其他女性「招蜂引蝶」。除此之外，**蕩婦羞辱**還突顯了我們社會的雙重道德標準，因為性經驗豐富的男性並不會受到社會批評，他們會被稱為「玩咖」，而老派的說法是「花花公子」。

蕩婦羞辱僅是試圖在性議題上控制女性的其中一種方式，另一種控制範例是特定社會與宗教對於女性以處女之身進入婚姻的期望：在美國，有八分之一的女性希望在婚前維持處女之身，而部分保守的基督教團體會舉辦「純潔舞會」，令少女對於在婚前維持處女之身進行宣示。在阿富

汗，進行婚前性行為甚至要坐牢，德國的性倫理規範相對寬鬆，但部分穆斯林女性會接受陰道冠（俗稱處女膜）重建手術，以在新婚之夜使另一半認為自己沒有過性行為。

這類對於處女的偏好造成了一種迷思，誤認為能夠憑藉陰道冠完好的程度判斷一名女性是否有過性行為——這是錯的，「處女膜」一詞的使用只會使這個錯誤觀念更加根深柢固。類似的錯誤觀念還有認為女性在初次性行為時會出血，原因在於，陰道冠並非一層完全封閉的膜，而是位於陰道口具有彈性的組織，其外觀可能有所差異，但多會被形容像是髮圈，而非保鮮膜。

別那麼保守，當個性感女人吧！

儘管女性「太過」積極地涉入性議題會被給予負面評價，社會卻同時鼓吹了女性的性感形象，不僅《Bravo》雜誌的建議是如此，為披薩店與飯店宣傳的半裸模特兒也說明了一切（詳見第四章）。除此之外，女孩們 Instagram 上的嘟嘴自拍照也助長了同樣的形象，要當個萬人迷，就必須維持性感，甚至利用色情影片中的元素。女性若（暫時）不想發生親密關係，便會被貼上「守舊」、「過時」或「保守」的標籤，然而，本來就不是每個人（無關乎性別）都會對性事一直抱持著興趣，當然對性行為的喜好也會有所不同。

在性慾與性能力方面，或許男性所承受的壓力較女性大。因為我們的社會仍有刻板印象，認為對男性而言，性事較感情來得重要，亦即男性有無法克制的性衝動；人們認為，女性相較之下更重視感情層面，且性需求較不強烈。這種男性性慾較女性強的想法源自於十九世紀，人們當時試圖透過解釋性別差異捍衛男性的權力與社會地位（詳見第三章），在那之前，人們的觀念完全相反：相較於理性的男性，女性是善於調情的誘惑者。

迎合對方的喜好

《Bravo》雜誌的一百個秘訣還反映了另一個人們對性事與愛情的觀念：女性應該並想要獲得男性的欣賞。為此，女性必須在自己身上下工夫，而《Bravo》雜誌的建議言猶在耳：女性應穿著適當的服裝、畫上適當的妝容，並調整自己的聲調，她們的喜好沒人在乎，重要的是男性的感受。「注意，不要穿戴粉紅色的服裝與配飾，男人恨死這個顏色了！」該網站的編輯如此寫道：「請依據妳心目中白馬王子的喜好穿搭，若他有心儀的樂團，就穿有該樂團標誌的上衣，或用有該樂團標誌的鑰匙圈。對方絕對會對妳印象深刻！」奇怪了，難道就不能穿印有自己心儀樂團標誌的上衣嗎？

《Bravo》雜誌不僅要求女性壓抑自己的感受，還要她們保持沉默與維持低姿態，並實踐於感情生活中，結果是，許多女性忽略甚至毫不了解自己的性需求，並為了在床笫之間取悅另一半，做自己毫不感興趣的事，她們甚至會假高潮，只為了讓對方感到滿意。

一項美國研究詢問了五萬兩千名民眾，是否在過去一個月內有過性高潮，而

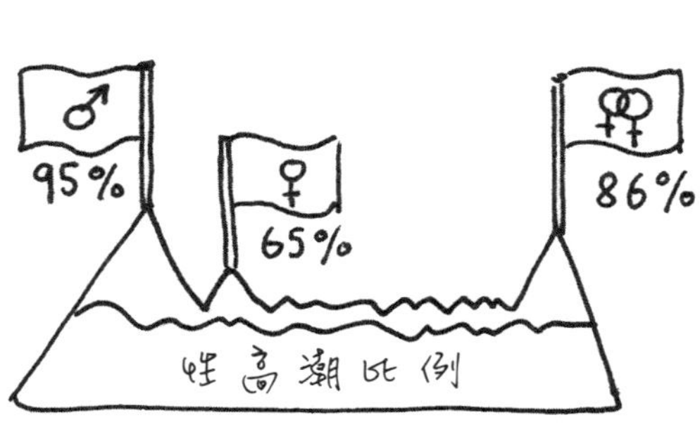

百分之九十五的異性戀男性給予了肯定的答案，反觀異性戀女性只有百分之六十五，差距高達了百分之三十。此研究結果無關於女性的性高潮能力，反倒揭露了一個事實：在與女性的性行為中，男性較重視自身感受——因為同性戀女性的性高潮比例有百分之八十六。

誰愛誰？

二〇一五年的夏天，許多人都對《Bravo》雜誌給出的建議感到憤怒。該雜誌的編輯因此撤下了這篇文章，並為其令人不悅的約會秘訣向讀者致歉。相較於事件本身的爭議，較少人注意到的是，其中認為男女相愛是理所當然的態度，這似乎是當今社會的價值標準。除此之外，女性雜誌與男性雜誌的預設讀者群也往往為異性戀，因為我們社會對於愛情與性愛的想像是：女孩愛慕男孩、男人渴望女人。有鑑於此，女同性戀、男同性戀、雙性戀、泛性戀與無性戀都成了被忽略的族群，這個社會標準因此被認為是「異性戀霸權」下的產物，亦即只有男性與女性之間的愛情是正常的。

在異性戀霸權下，對於男同性戀與女同性戀的接受度是有限的。在一項二〇一六年的問卷調查中，有近百分之十的受訪者認為，同性戀有違道德；有五分之一的人認為，同性戀有違自然。合理推論，類似想法的佔比不僅如此，畢竟不是所有人都能對自己心中的排斥開誠布公。若隱晦地詢問對於男同性戀與女同性戀的立場，便能得到更多的數字：有近百分之四十四的受訪者認為，該停止談論關於「同性戀」的話題，以遏止循環效應。

除此之外，德國的有效法條也反映了其社會對於非異性戀愛情的普遍看法：對於男同性戀不友善的刑法第一百七十五條直到戰後依舊存在，而這所謂的「男同性戀條款」直到一九九四年才被徹底廢除。直到二〇一七年，聯邦議會才為所

性傾向

我愛誰？誰又渴望我？這類問題涉及了性傾向。異性戀男性與女性的情感指向了與自己不同的性別，男同性戀偏好男性，女同性戀則偏好女性，雙性戀會同時被男性與女性吸引，而泛性戀對一個人的愛與渴望則無關於性別。至於無性戀則對他人沒有（或少有）性慾，但部分人仍希望能與他人建立感情關係。

有人皆享有婚姻權拍板定案，而之後不到兩年，所有性別的結合終於能夠享有一切法律上的婚姻權利——那些異性戀伴侶視之為理所當然的權力。

儘管德國在二〇〇一年就為男女同志通過了「同性伴侶法」，但那只是「簡易版的婚姻法」，相較於婚姻伴侶，登記伴侶在財務上受到了歧視：他們不僅無法以配偶身分合併報稅，在遺屬撫恤金與遺產繼承方面的權利也不完整。

婚姻與繼承

如今，許多人都對婚姻有相當浪漫的想像，而「我願意」這句話幾乎成了

奧德烈．蘿德（一九三四～一九九二）

「黑人、女同志、女性主義者、女鬥士、女作家、母親」——這是奧德烈．蘿德（Audre Lorde）對於自己的描述。這名作家與女權人士出生於紐約的哈林區，很早便開始作詩，蘿德的散文與詩作使她在七〇與八〇年代成為了最重要的女性主義理論家之一。她的創作均建立在自己的「差異理論」上，並認為，區別人們的不是彼此之間的差異，而是對於辨識差異、接受差異與擁抱差異的集體無能力。蘿德晚年（一九八四年～一九九二年間）頻繁地往返柏林，並身體力行支持當地的非裔德國人社會運動。

對一段感情至高的肯定。不只是婚禮顧問將婚禮視為「女人一生中最美好的一天」，許多人也都有同樣的想法，因此相關開銷總是所費不貲，幾乎都是以萬為單位計算。然而，浪漫這個概念其實是近代社會才有的。

原因在於，婚姻原先是一個不可分割的經濟共同體，以及日漸受父權支配的結構。直到今天，已婚者仍享有特定的經濟權利與義務。除此之外，婚禮的傳統與習俗也反映了同樣的現象：在教堂的婚禮儀式上，新娘的父親會牽著她走上臺，並將她交給新郎——新娘被一個男人託付給另一個男人，不過，有時為了增添趣味，新娘也是會被劫走的。直到今天，多數德國女性仍會在婚後使用夫姓，當然，在婚後保留自己原有姓氏的權力，也是許多女性過去在聯邦憲法法庭上爭取來的。

愛情是婚姻基礎的想法直到十九世紀才出現，在那之前，婚姻都是受親人安排，且建立在經濟協議上。透過婚禮儀式，一名女性便成為了另一名男性在性事上的財產（很少人會反過來解讀），而這也是人們之所以在意新娘是否是處女的最大原因，因為在當時的婚姻關係中，女性並不是與男性對等的配偶，而是對方的所有物。

某種程度上，這種價值觀在德國持續到了二十世紀後期，儘管一九四九年的憲法寫明「男性與女性是平等的」，尤其在婚姻中並非如此。直到一九五八年，在西德仍僅有男性普遍享有訴請離婚的權力。他們甚至支配了妻子的財產，且直到一九九七年都有權禁止她們外出工作。

即使沒有結婚證書，仍無減人們對於婚姻與愛情的想像。我們的社會認為，一段愛情是兩人專屬的獨佔事物，而與伴侶愛意的連結及性行為能夠確立一段關係。人們認為，在性事上展現忠誠就是對於愛情的表態，沒有固定伴侶的人因此經常不被理解，而選擇開放式關係或多重關係的人也常飽受批評。**開放式關係**意味著，在獲得各方理解與同意的情況下，同時擁有多段感情或性關係——獲得當事人的同意是關鍵，至於旁人的想法則不重要。

合意：發生性行為無異於喝茶

同意（或稱合意）的先決條件是，人們與彼此進行溝通。然而，當話題涉及性時，人們往往選擇閉口不談。事實上，透過幾個簡單的問題就能夠明白對方的意願：你想嗎？我可以吻你嗎？我可以碰你這裡嗎？我這麼做可以嗎？

你對於提出這些問題感到彆扭嗎？還是認為會壞了氣氛？在好萊塢電影中，一場美好的性愛除了呻吟以外，不需要隻字片語。然而，現實生活中的直覺並不總是準確的，無論是對於剛認識的對象，或是認識多年的友人都一樣。若想知道，對方是否能夠接受自己的行為，女權人士傑克琳．傅利曼（Jaclyn Friedman）與傑西卡．瓦倫蒂（Jessica Valenti）認為，主動徵詢對方的同意是較好的方式。

她們將「好才是好」的合意原則套用於常見的女性主義口號「不就是不」，亦即：在發生性行為前，唯有徵得同意，才能夠觸碰對方的身體，在摟抱、寬衣與性行為前，必須親耳聽到對方說「好」。

在瑞典，「好才是好」甚至是法律規範。若沒有在發生性行為前徵得對方口頭上或肢體上的同意，便會遭到懲罰。「性行為必須出於自願，否則，便屬違法。」瑞典首相斯特凡·勒文（Stefan Löfven）曾如此說道。然而，部分德國媒體認為，瑞典此舉太過大驚小怪：「瑞典對待性正確的方式太過極端。」保守的《世界報》曾如此說道，並諷刺地建議，乾脆在每次性行為之前簽署合約。

合約當然不必，至於同意的表達方式，一部觀看次數超過百萬的影片提供了說明，這部影片將性行為的詢問與喝茶的詢問相比：一個人並不是所有種類的茶都喜歡喝，因此可能在嘗試地喝了一口後，發現自己並不喜歡，並決定不喝了。這個人在嘗試之前，並不知道自己不喜歡這杯茶，因此要他喝完不僅是種強迫，甚至是傷害，同樣的道理適用於性行為。

「好才是好」的原則並無法避免所有的性騷擾與侵害，因為它們並不總是因誤會而起。有的時候，加害者甚至是蓄意地侵犯他人的底線，或意在展現自己的權威。儘管如此，「好才是好」仍有益處：它協助人們舉止得宜，並為看待性侵害提供了新的角度。

傑克琳·傅利曼曾說過：「我們不該問被害者，有沒有表達自己的不願意，而是該問加害者，有沒有徵得對方的同意。」

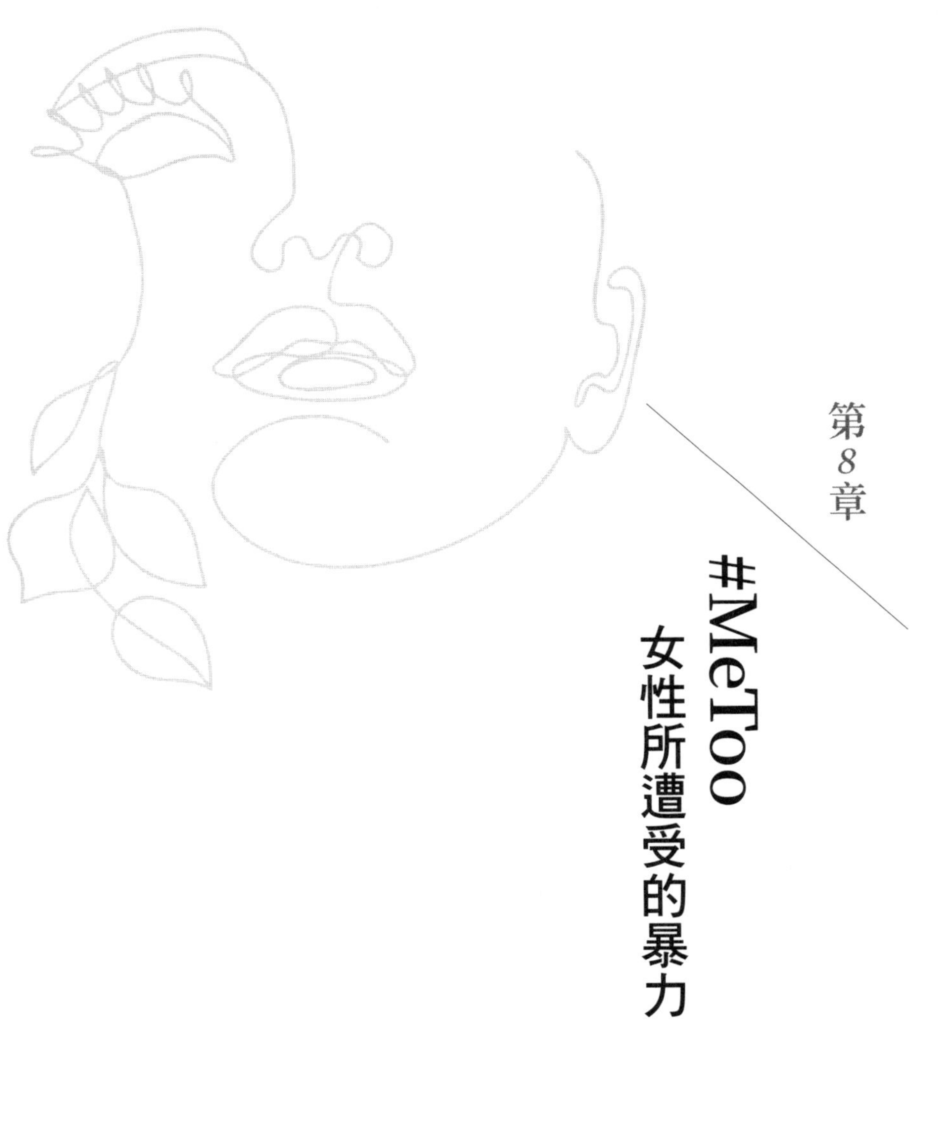

第8章

#MeToo 女性所遭受的暴力

道出真相的永遠是女性，男性從不承認，自己對女性做過可怕的事。

——妮娜．鮑爾[30]

男人們，你們都是如何防範性侵的？每當女性主義作家與電影製作人傑克森．卡茲（Jackson Katz）在演講時向在場的男性如此問道，對方往往會尷尬地隻字不語，並顯得侷促不安。這是陷阱題嗎？觀眾有時會幽默地反問，並說，只要能不坐牢，他會用盡一切方式。然而，每次也都會有男性舉手，並直白地說，自己沒有為性侵做任何防範——甚至從沒想過這個問題。

接著，卡茲會向在場的女性提出同樣的問題：女人們，妳們都是如何防範性侵的？女性觀眾的回答往往相當踴躍：有人不在晚上出門慢跑、注意自己的穿著打扮、不考慮地下室的套房，也有人不單獨行動、不過量飲酒、不讓飲料離開視線，甚至有人隨身攜帶胡椒噴霧、不與馬路上的陌生男性有眼神接觸、不獨自在樹林散步。

傑克森．卡茲問過上百名男性同樣的問題，他藉此讓男性意識到，恐懼遭受性侵是女性的日常。為了保護自己，她們一定程度地限制了自己的生活。

女性有充分的理由恐懼遭受性侵：一份二〇〇四年針對「女性生活環境、安全情形與健康狀態」的研究結果顯示，德國有七分之一的女性在十八歲以前遭受過肢體強迫或脅迫的性暴力，其中包含了強制的性行為、愛撫與調戲。

甚至有百分之五十八（亦即超過半數）的受訪女性遭受過性騷擾，亦即遭受到性侵犯，又或者猥褻的來電或訊息，以及被偷摸或強吻。若涉及職場上司，女性甚至會認為自己若不對性騷擾逆來順受，將來的升遷可能會受阻，諸如此類的情形不勝枚舉。

30. 妮娜・鮑爾（Nina Power），英國哲學家、文化學家。引文為其談論 #MeToo 運動。

性暴力

性侵、性騷擾、性侵犯、強迫猥褻，這些都是**性化的暴力**，亦即**性暴力**。從性化的暴力這個說法可以明顯地看出，重點在於暴力，而不是性。性暴力指的是，透過職場階級、肢體或其他權力形式，對他人在性方面造成的侵犯。

在受害者方面，性暴力與是否在過程中獲得性滿足無關。

若一名女性遭受到性暴力，加害者往往都是男性。在一項調查中，有百分之九十九的受害女性表示侵犯她們的當事人是一名或多名男性，只有不到百分之一的受訪者表示侵犯她們的是一名或多名女性。

哈維．溫斯坦案及其後續

二〇一七年秋天開始，對於性暴力的討論在 #MeToo（我也是）運動的號召下，在全球遍地開花。起初，這場爭論是關於一起好萊塢醜聞，而男主角在業界極具聲望。二〇一七年十月五日，在《紐約時報》的一篇文章上，包含艾許莉·賈德（Ashley Judd）與蘿絲·麥高文（Rose McGowan）在內的女性演員們指控了哈維·溫斯坦性騷擾。幾天後，又有多名女性在《紐約客》雜誌中對溫斯坦的性騷擾提出指控，其中有三名女性聲稱遭他性侵，甚至連安潔莉娜·裘莉與葛妮絲·派特洛都表示，自己遭受過溫斯坦的脅迫。值得注意的是，被溫斯坦這名握有大權的電影製作人侵犯的，皆是演藝生涯剛起步的女性演員。

十月五日，亦即第一篇報導出現五天後，演員艾莉莎·米蘭諾在推特上向其他女性呼籲，透過 #MeToo 標籤分享自己所遭受過的性侵、性騷擾與性歧視經驗，她如此寫道：「若遭受過性侵或性騷擾的女性願意發聲說出『我也是』，能使人們意識到問題的嚴重性。」事實上，異議人士塔拉納·伯克（Tarana Burke）在一年前就使用過了「MeToo」標語，希望能夠引起人們對於性暴力的關注，這個標籤之後被發揚光大，不到二十四個小時，它就被標註了超過二十萬次。一天後，有 #MeToo 標籤的貼文更是超過了五十萬則。

無以計數的使用者貢獻了貼文，許多的女性與少數的男性透過不多的字數分享了自己的親身經驗：

「派對結束後，我和一名男性友人睡在床上，他整個晚上都在試圖觸碰我的胸部。」

「我在餐飲業有多年的經驗，因此見識過人們在夜幕低垂時的獸性。」

「我被侵犯時才八歲，我不知道在我所認識的人之中，有沒有人是沒被侵犯、騷擾、脅迫、威脅或恐嚇過的。」

「一次是十三歲在街上、一次是十七歲在夜店，我一次穿牛仔褲、一次穿迷你裙，對方分別是年輕男性與成年男性，其中包含了陌生人與朋友。」

#MeToo 運動之後便往數個不同的方向發展，例如其中之一便繼續對其他知名且握有大權的男性提出性侵與性騷擾指控。電影製作人哈維·溫斯坦如今被超過一百名女性指控性侵與性騷擾，而他雖坦承自己有不當言行，卻否認一切對於非合意性行為的指控。

#MeToo 標籤不僅引發了對於性暴力的討論，還突顯了性別歧視與性別不平等的問題。早在二〇一三年，#Aufschrei 標籤就引發過類似的討論，當時分享在推特上的個人經驗激起了人們的憤怒情緒，而許多受害者都展現了同理心

與團結。然而，同樣的貼文也招來了批評的聲浪，好像那些不該發生的事根本不可能會發生。那些質疑的聲音為日後的 #MeToo 運動提供了養分，並被證明是錯誤的。

#MeToo 面臨的批評聲浪

有人認為，針對 #MeToo 運動的討論雜亂無章；也有人認為，儘管性侵受害者確實存在，卻也有人會因為自己的低胸領口被看了一眼，便怒不可遏，而前者的憤怒情有可原，但後者卻太過偏激。這類觀點是有問題的，因為它對女性的抱怨內容進行了區分，並定義了值得抱怨的情形，而忽略了一點：#MeToo 運動並沒有主張所有情節的嚴重程度是一致的。相反地，人們強調女性所經歷的性別歧視與性暴力五花八門，而社會中存在了結構性的問題。

除此之外，也有人對未來異性之間的互動感到憂慮：「男性」是否因為 #MeToo 運動而不該再對女性調情？但這個問題其實反映了男性對於調情的想像，亦即透過侵略性的方式，以狩獵的姿態糾纏拒絕的女性直到征服對方為止。然而，這類調情的方式並不令人愉悅，且被女性主義稱為**性侵文化**：在一個社會中，女性不願遭受的性暴力被視為理所當然，例如將男性對女性臀部的觸碰視為稱讚。

在 #MeToo 運動的討論中，有人認為，女性應該要學會保護自己，而不是只在社群媒體上抱怨，這並無助於擺脫受害者的角色。事實上，女性要自我保護並不容易，而這起發生在奧地利的事件就是一個例子：前綠黨政治人物塞吉．毛爾（Sigi Maurer）在一間手工啤酒餐廳被數名男子騷擾並出言羞辱。她之後收到餐廳粉絲專頁傳來兩則下流的訊息：「嗨，妳今天在店裡經過我時，盯著我的下體，是不是想吃一口？」除此之外，訊息中還有更下流的言語，為了反擊，毛爾不僅將訊息截圖並公開，更大剌剌地秀出對方的名稱。

性侵文化

「女性說不要，意思就是要。」相信許多人都聽過這種說法，這不僅是胡說八道，更是**性侵文化**的典型範例。這種文化不僅助長了性侵與性暴力，更淡化了其中的嚴重性。其所造成的結果是，侵犯不被重視、受害者不被信任，而人們沒有了同理心。

毛爾表示，她這麼做是為了保護自己，因為依據奧地利的法律，在沒有證人的情況下，傳送這類訊息並不會受罰，因此，她公開對方的訊息內容，並不是為了保護任何人。餐廳老闆隨後公開反擊：他表示自己並沒有傳送那些訊息，也不知道是誰做的，而且電腦放在餐廳裡，每個人都可以使用。

隨後毛爾便被批評是在「噁心地抹黑」他人，法官在判決書上表示，儘管他認為餐廳老闆的說詞並非完全屬實，但在調查過程中，並沒有證據能夠指出訊息是餐廳老闆傳送的。儘管毛爾指出了對方「值得注意的動機」，卻沒有「物證」能夠證實對方確實傳送了訊息。

塞吉·毛爾的遭遇證明了女性自我保護的不易，因而令許多人感到憤怒。但並不是所有女性都和毛爾一樣，能在所經歷的性暴力事件上獲得他人的信任，相反地，許多女性在 #MeToo 運動中的討論則被指責是將所有的男性都看作是「嫌疑人」。

這類言論顯示出一種對於女性的徹底不信任，並暗示遭女性斥責的是行為端正的男性。不可否認，這種可能性確實存在，也的確會使男性當事人苦不堪言，但不實指控在現實生活中並不常見。相反地，幾乎每一名公開對知名男性提出性侵指控的女性都不被信任，且被質疑動機不單純，例如有報復性目的或想藉此成為鎂光燈焦點。

據估計，約有百分之二至八的性侵指控屬於子虛烏有，重點在於，這裡談的是被**提出**的性侵指控，但大部分的性侵事件都會被掩蓋在檯面下。原因有許多，例如審判過程對受害當事人所造成的心理壓力，或加害人是受害人不願在法庭上指控的熟人。除此之外，受害當事人無須擔心誣告之類的不實指控，或是無法贏得他人的信任，因為性侵屬於犯罪行為，若沒有目擊者或充足的證據，指控是無法成立的，當事人的說詞只會被視為是單方面的說法。

相較之下，性侵犯逃脫法律制裁與未被指控的比例較被誣陷入獄的要大得多。

你穿了什麼？

當談及性暴力，責任歸屬往往是關注重點。常有人認為，受害者該承擔部分責任，而此舉

被稱為**檢討受害者**，例如：為什麼要跟那個人回家？或是：**為什麼這麼晚一個人在外頭，還不搭計程車？**更典型的說詞是：**穿成那樣，難怪會發生事情！**

這類論點暗示了受害者應保護好自己，才不會惹禍上身。這些人將責任歸於受害者，並對加害者真正該負的責任視而不見。對於性暴力的錯誤想像使加害者與受害者角色顛倒，談到性侵，許多人在腦中浮現的畫面都是男子傍晚埋伏在公園，等待穿迷你裙的陌生年輕女性經過，但現實中卻不是如此。第一，沒有跡象指出，服裝與遭受性侵之間有明顯的關聯；第二，在多數性侵案例中，加害者多是熟人，例如點頭之交、朋友、同事與家人——最常見的是伴侶與先前的交往對象。

伴侶是加害者

對女性而言，最危險的男性往往不在公園，而是在她們枕邊。儘管不是所有的朋友與丈夫都是如此，但從數據上來看，他們確實是最常侵犯、推打、踢踹女性，或朝她們丟擲物品的人。與性暴力相同，在德國最常對女性使用肢體

暴力的，是她們的伴侶與先前的交往的對象。

依據世界衛生組織的評估，女性所遭受到的暴力行為往往發生在伴侶關係中，全球也有將近三分之一的女性曾在感情關係中遭遇過肢體與（或）性暴力。

有時甚至會鬧出人命，在媒體報導經常出現的「感情糾紛」與「家庭悲劇」中，多半是男性殺害自己的女性伴侶。從數據上來看，德國每天都有一名男性試圖殺害自己的女性伴侶，而每三天就有一名女性被自己的男性伴侶殺害。德國在二〇一六年更是有一百四十九名女性被自己的伴侶或先前的交往對象殺害。

這一切證明了，要避免女性遭受暴力攻擊，關鍵並不在她們所採取或避免的行為，而是加害者本身。換句話說：男性必須停止騷擾、侵犯與殺害女性。

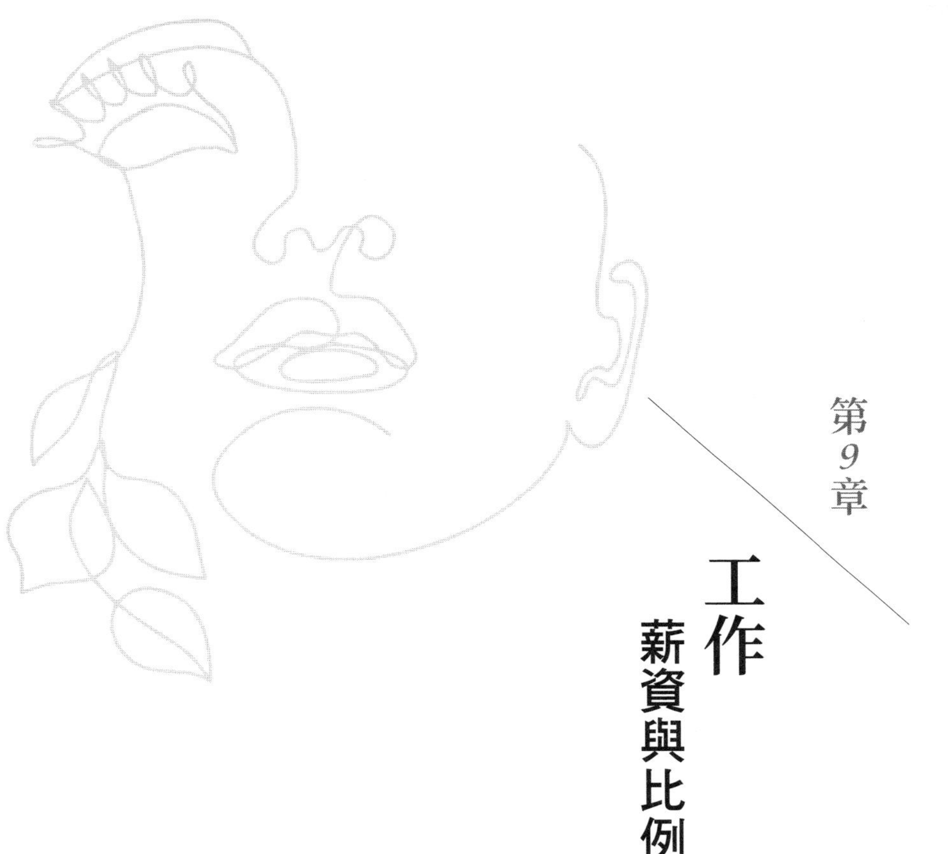

第9章

工作

薪資與比例

女性的工作往往較多，收入卻較低。

——卡塔琳娜．巴萊[31]

畢業了，然後呢？年輕的男性與女性在離開校園後，往往會朝不同的方向發展。儘管部分選項同時受到了兩者的青睞，例如業務專員培訓與大學的企業管理學系，但不同的性別仍呈現出了不同的就業趨勢。二〇一七年最受女性青睞的培訓職業是業務專員、醫師暨牙醫助理、髮型師，同年最受男性青睞的是汽車技工、電工、資訊技術人員。

此性別之間的差異存在了數十年，像是一道牢不可破的牆，使德國就業市場上特定的職業長久以來都被特定的性別所把持，例如照護、教育、清潔與行政工作屬於女性，而加工與技術工作屬於男性。

同樣的差異也存在於大學中：最受女性青睞的科系是德文系、教育系與心理系，而男性多選擇電機系、機械系與資工系。長期下來，女性把持了語言暨文化學科、健康暨社會服務學科、社會學科，而男性所把持的領域統稱為ＭＩＮＴ，亦即數學（Mathematik）、資工（Informatik）、自然科學（Naturwissenschaften）與技術（Technik）。

寫程式是女性的工作！

不同性別的科系與職業選擇幾乎根深柢固，例如男性操作設備，而女性照顧人們。然而，一項職業的社會地位若產生變動，便會使整體結構受到影響，值得注意的是，由於坐在辦公室的工作在六〇年代無法帶來社會地位，使寫程式在當時被視為是典型的女性工作（現在卻為男性所把持），因此從業人員多為女性。

在當時看來，寫程式完全是為女性量身打造的工作：「寫程式跟準備晚餐一樣，」女性電腦工程師葛麗絲・霍普（Grace Hopper）在一九六七年的女性雜誌《柯夢波丹》中如此說道：「兩者都必須事先構想，並設定期程。重要的

31. 卡塔琳娜・巴萊（Katarina Barley，一九六八—），美國自由民主黨政治人物與聯邦司法部長。

是耐心與細心，因此女性可說是天生擅長寫程式。」從今天的角度看來，霍普的說法在當時並不算性別歧視，只是證明了人們會下意識地依自己的性別選擇「適合」男性或女性的工作。

隨著電腦的重要性日益增加，越來越多的男性也開始投身資訊產業，而相關工作的社會地位與待遇也有了提升。早年寫程式的女性逐漸被人們遺忘，甚至二〇一七年還有 Google 的研發工程師撰寫了數頁的宣言，批評公司鼓勵女性投身科技業的政策：他認為，女性因「生理因素」較不擅長科技類工作。

寫程式的歷史不僅顯示了一項工作逐漸被男性把持的過程，還有社會中男性與女性同工不同酬的現象：一個產業一旦被男性把持，薪資待遇便會有所提升。還有一個例子能夠證明性別與薪資待遇的關聯：設計師，與寫程式相反，這個工作的女性從業人員比例逐漸增加，而薪資待遇也逐漸下滑，甚

至較過去少了百分之三十四。典型的例子還有生物學家：隨著女性從業人員比例的提升，薪資較過去少了百分之十八。

同工同酬？

女性一個小時的工作與男性一個小時的工作等值嗎？答案若是肯定的，接下來要談的，便是性別之間的薪資差異問題。我們可以說，女性在二〇一九年，直到三月十八日以前都是在做白工。因為以年為單位計算，若男性從一月一日起便有薪工作，考量到薪資差異的問題，女性要在數個月之後才能獲得第一份薪水。「同酬日」這個象徵性的紀念日提醒了人們男性與女性之間的薪資差異：德國女性的平均稅前時薪為十六點五九歐元，而男性為二十一歐元，這百分之二十一的差距代表了女性七十七天的無薪工作。在歐盟，德國是**性別薪資差距**最大的國家之一，僅次於愛沙尼亞與捷克。

造成女性薪資較低的原因是什麼？在部分案例中，女性遭受的歧視明顯是原因之一，例如在鞋業製造商勃肯的子公司裡，女性員工的表訂薪資普遍遠低於男性。直到二〇一三年，女性勞工的時薪仍較男性少了約一歐元。當然，造成此**性別薪資差距**的原因不僅如此。

統整計算各個行業不同階級的平均時薪後，可以發現，女性所從事的行業薪資福利多半較差。女性的身影在領導階層較少見，而在兼職工作與零工更常見，這些都是造成女性平均時薪較低的原因——更不用說，部分公司高層甚至決定，以較低的薪資聘用女性，而所有因素透過數據都一覽無遺。除此之外，尚未完成的還有**性別薪資差距的彌補**，亦即在相同產業中，於相同階級負責相同工作的男性

克拉拉・蔡特金（一八五七～一九三三）

每年三月八日國際婦女節的歷史要回溯到發起者克拉拉・蔡特金（Clara Zetkin），這名社會主義者與激進女性主義的代表人物認為，唯有將勞工從資本主義的剝削中解放，才能真正地實現平等。蔡特金起初活躍於社會民主黨，隨後於一九一九年加入了德國共產黨。身為國會名譽主席的她在一九三二年向大眾警告了納粹的威脅，並主張「統一勞工陣線，以擊退法西斯主義」。蔡特金隨後於流亡俄國時過世，二戰結束後的兩德分裂時期，她在西德幾乎完全被遺忘，卻在東德備受尊敬，其肖像甚至被印上了十馬克紙鈔。

與女性薪資平等，其中的差距現為百分之六。

許多人會將此差距歸因於女性本身，並認為，她們應該要會自己去談薪水，而男性的薪水就是這樣爭取來的。問題當然不是這麼單純：一項研究結果顯示，比起男性，女性較常在爭取薪資時被拒絕，其同時指出，經理人較不願意雇用於面試時要求提高薪資的女性。他們認為，這類女性較難相處，且要求過多。

即使大部分女性薪資較低的原因與歧視沒有直接的關聯，但事實上就是存在了百分之二十一的**性別薪資差距**待彌補。這不僅使女性每個月有較少的可支配所得，更常會導致往後的老年貧窮問題，因為薪資多寡與退休金有直接的關聯——更不用說兼職工作了：據統計，德國女性在二〇一五年的退休金較男性少了百分之五十三。

除此之外，從**性別薪資差距**的問題又衍生出了新的討論：與人互動的工作待遇較操作機器的工作待遇差，這合理嗎？看護的稅前平均時薪為十五點六四歐元，而工廠的生產經理為二十三點三三歐元，這樣對嗎？為什麼女性較常做兼職工作？又為什麼女性較少晉升管理職？

連女性都低估了女性

儘管德國的就業人口有近半數是女性，但僅有不到三分之一的管理職由女性承擔：二〇一七年的女性經理人僅佔百分之二十九。有一說是，女性的升遷關鍵是績效，而男性是潛力。換句話說，女性須事先證明，自己有能力承擔一項新的工作，而男性卻能預支他人的信任。事實上，無論對方是男性或女性，女性勞工在職場上都較不容易贏得信任，針對**無意識偏見**（即針對特定社會族群的不自覺成見）的研究結果能為此作出證實。

無論男性或女性，都內化了類似的性別刻板印象，使所做出的判斷在沒有意識的情況下受到

玻璃天花板與玻璃電梯

女性的職涯往往至多止於中階管理層，越高階的職位，男性所佔的比例越大。女性難以攻佔金字塔頂端的原因並不顯而易見，而對於難以看見的阻礙，人們稱之為**玻璃天花板**。相反地，男性在以女性為多數的產業中能升遷無礙，甚至獲得特殊待遇；此環境被比喻為一部向上的**玻璃電梯**。

了影響。在一項美國的實驗中，有一百二十七名學術研究人員被要求針對實驗室管理職的匿名申請進行評估：他們須評價申請者的能力，並決定欲錄取的對象與願意給付的薪資。原因在於，申請者包含了男性與女性學生，而男性往往能在所有產業獲得正面評價。為了避免無意識偏見，美國的管弦樂團早在約三十年前便開始讓申請者在布幕或布簾後演奏。自此之後，女性進入初選的機率提高了五成，而進入淘汰階段的機率更是多了三倍，管弦樂團中的女性成員比例因此從百分之五提升到了百分之四十。

比例這件事

然而，匿名並不總能避免對於女性的歧視，例如公司內部將來有一個管理職缺，而史密特小姐與邁爾先生都提出了申請。在這樣的情況下，兩人的主管都已對他們有所認識。對此，**性別比例**（或稱**女性比例**）或許能有所幫助，例如明定公司內部的管理職，男性與女性的佔比皆不得低於百分之四十。這當然不意味史密特小姐能自動從邁爾先生手中搶回優勢，但在出現管理職缺時，她與其他女性員工至少能不被忽視。

德國於二〇一六年頒布了法定比例，但只囊括了小部分的公司，並且規定對象只涉及了上市公司或有完全決定權的監理會。換句話說，德國百餘間公司監理會的女性成員比例不得低於百分之三十，而其他不同規模企業的管理職則不在此限，這意味著沒有任何女性能藉此比例規範拿下部門管理職或成為高階經理人。除此之外，數以千計的德國中大型企業僅須自訂比例並加以實現，例如為女性於管理職的佔比設下百分之十的標準，但即使企業達不到自訂的標準也不會受到任何的懲罰。

一點點的家務

在德國，造成**性別薪資差距**與女性老年貧窮問題的一個重要因素是許多女性從事兼職工作。二〇一七年，有百分之四十六專職女性的工時減少，於此同時，工時減少的兼職男性比例為百分之十一。但這並不表示女性的工作量較男性少，因為她們還身兼許多無償工作。從公司下班後，許多女性的第二份工作才正要開始：她們回到家清潔、打掃、煮飯，還要照顧孩子並看護其他家庭成員，這「一點點的家務」並不會自動完成。

當然不是所有男性在家都只蹺著二郎腿，但女性所承擔的家務確實比男性多出了許多，而那些都是人們口中的**照料工作**，對於義務性質的照料工作，女性平均每天會付出四個小時十三分鐘，而男性只會付出兩個小時四十六分鐘。這造成了每天約一個半小時的工時差距與百分之五十二點四無償工作的**性別照料差距**，而這個比例在育有孩童的家庭更懸殊。由於女性扛起了打理家務與照顧家人的主要工作，因此她們並沒有太多額外的時間能夠外出工作，照料工作完全吃力不討好，不僅沒有薪水，也無助於退休金。

然而，**性別照料差距**並不僅是存在於夫妻之間的現象，甚至連孩子與青少年也是：在德國，十至十七歲的女性每天會花七十三分鐘幫忙家務，而同齡男性只會花四十八分鐘，如此的行為模式會在成年後持續。

十八歲以上成人之
每週無償工時分配

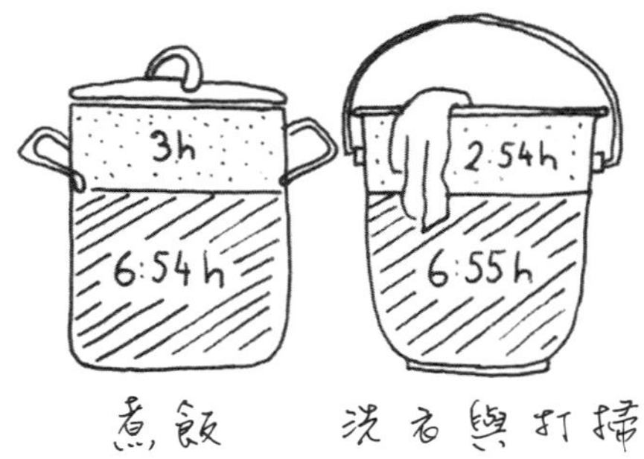

▨ = 男性
▨ = 女性

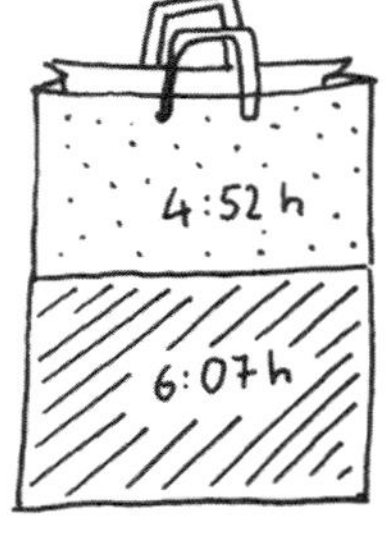

1:07
2:25h

家庭採買　照顧與看護

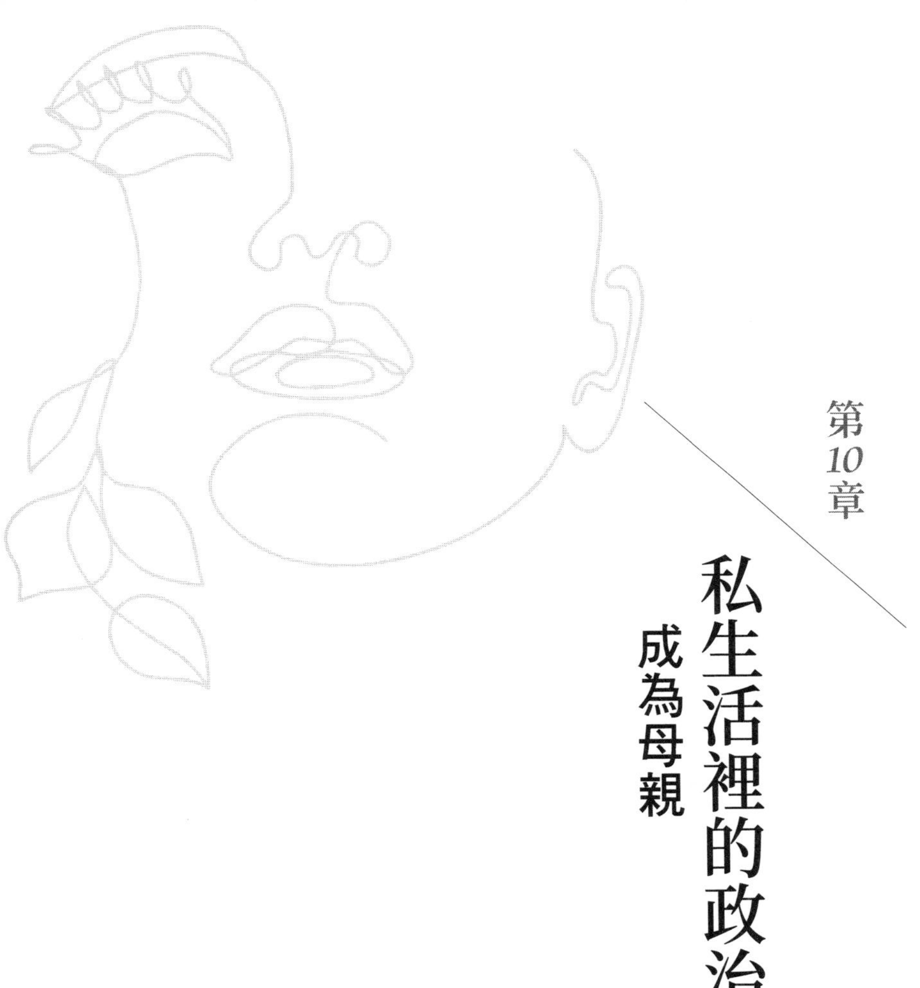

第10章

私生活裡的政治

成為母親

面對一名事業有成的男性，從來沒有人好奇，孩子都是誰在照顧？

——仙黛．貝嘉[32]

「我們接受過人工流產手術！」一九七一年，三百七十四名女性為了打破禁忌，在《亮點》周刊上自白，並坦承自己的違法墮胎行為。她們不僅冒著被社會排擠的風險，還可能面臨法律究責，所幸最後無人受罰。相反地，她們的勇氣使西德在一九七四年進行修法：在非自願情況下懷孕者，若滿足特定的條件，不必再為墮胎的懲罰擔心受怕。

自此之後，法條經過了多次的修改，滿足條件的女性，若不想成為母親，不必再千里迢迢地遠赴國外，或冒險尋求**密醫**的協助，偷偷摸摸地接受人工流產手術。然而，普遍來說，人工流產至今在德國仍屬違法。雖然沒有法條明確地禁止墮胎，但刑法第兩百一十八條一開始便寫了：「接受人工流產者，得處以最高三年有期徒刑或易科罰金。」

人工流產：不懲罰，卻也不合法

在禁止情況下進行人工流產，能不被懲罰的皆屬例外情況：第一，懷孕嚴重影響了母體健康，或孩子有殘疾；第二，當事人因遭受性侵而懷孕；第三，流產手術於懷孕十二週內進行，而母親須事前接受諮詢——目的為勸退當事人。

「身體是我的！」這句耳熟能詳的女性主義口號至今於德國仍沒

32. 仙黛．貝嘉（Senta Berger，一九四一—），奧地利演員。

維多利亞．伍德哈爾（一八三八～一九二七）

維多利亞．伍德哈爾（Victoria Woodhull）的人生精采到像是虛構的：她出生在一個貧窮的家庭，並先後成為了占卜師與民俗治療師；之後又與姐姐在紐約成為了首批女性股票交易員。兩姐妹接著創辦了一間報社，並在上頭談論性別平權、墮胎、賣淫、雙重道德標準及自由戀愛等議題。維多利亞．伍德哈爾是第一位登記參選美國總統的女性——但美國女性在一八七二年尚未獲得選舉權。因此這是一個純粹象徵性的舉動，而她從一開始就毫無勝算，政治對手甚至稱她為「女撒旦」。除此之外，部分女權人士也不支持伍德哈爾，她們不認同她的感情觀與女性主義解讀。伍德哈爾認為，女性該改變自己消極的態度，而不是只抱怨男性的排擠。

有被完全體現，甚至許多國家都還存在著嚴格的禁止墮胎規範。禁止墮胎不僅無法強迫孕婦生下小孩，還會使她們的生命受到威脅：世界衛生組織估計，全球每年有約四萬七千名女性死於非法墮胎。

在德國，非自願懷孕的女性所面臨的規範日益嚴峻。反墮胎人士會拖著白色十字架走在市區抗議，並呼籲停止「殺嬰」——這是他們稱呼墮胎的方式。這些自詡為「生命拯救者」的人會在診所與諮詢中心前高舉胎兒模型抗議，以對孕婦與醫師們施壓。所造成的結果是，願意執行人工流產手術的醫院與診所逐漸減少：官方數據顯示，德國境內只剩下一千兩百間醫療機構。因此，部分地區的女性甚至得為了墮胎奔波兩百公里。

除此之外，要找到願意執行人工流產手術的醫師也不容易，因為醫院與診所的網站不得透露相關資訊，否則會被視為墮胎廣告，例如醫師克莉絲蒂娜·漢納（Kristina Hänel）便因此於二〇一七年被開罰六千歐元。

直到數年前，德國女性為了緊急避孕，還得面臨不必要的刁難：事後避孕藥直到二〇一五年才被歸於非處方用藥。這對女性而言是重要的一步，因為在發生不安全的性行為後，若能盡早服用避孕藥，效果會較顯著。

基督教民主黨的政治人物延斯．斯潘（Jens Spahn）是當今的聯邦衛生部長，其曾多次對避孕藥的非處方規範表達反對：避孕藥**不是聰明豆**，而是有副作用的藥物，不該隨意服用。這個論點是有問題的，因為女性之所以服用避孕藥，就是不希望懷孕。既然有明確的意圖，並考量了潛在副作用，就不能稱作隨意服用。

除此之外，斯潘的言論顯示他不認為女性有能力為自己的身體做決定並負責。

生孩子：進退兩難的決定

不是只有在女性決定墮胎時，不相干的人士才會進行干涉，即使女性願意生產，他們也有話要說。與人工流產被汙名化的情形相同，社會中存在了嚴厲的潛規則，規範了女性懷孕的時間、對象與其他條件。社會普遍認為，在理想的情況下，女性應於二十五至三十五歲之間生育兩至三個孩子——之前得先完成職業培訓。除此之外，孩子的父親應是同一人，且雙方得經營長久且穩定的關係，能結婚當然更好。

凡是不符合此異性戀小家庭形象的人，都會受到嚴厲的批評，例如：男女雙方認識不久、關係不明確——什麼，女方還在讀書？真是太沒有責任感了！竟然四十歲才懷孕，難道沒有考慮過健康風險嗎？年紀這麼大才當媽媽，真是累人！那個女同志透過捐精受孕，讓孩子有兩個媽媽，卻少了爸爸！除此之外，人們也為生育數量制定了標準：她生第四胎也太多了吧！她只生一胎也太狠心了吧，孩子一定會很孤單！

一名女性若表明，自己沒有生育的打算，也會遭遇到類似的批評。人們或許會不把她的想法當作一回事，並認為，生理時鐘之後會讓她回心轉意，或者會說不生孩子是自私的行為。這些人若不是把下一代看作是自己老年生活的保障，就是把為人父母想像得太美好了。

對母親的迷思

德國社會過度看重母親的角色，人們總是期待母親能以充滿愛的方式對待孩子，例如參加幼稚園的勞作課，或偶爾烤個蛋糕當作甜點（但不能有化學添加物）。除此之外，母親應二**十四小時**待命，但職業婦女顯然做不到這點。若要滿足所有對於母親的期望，「唯一」的選項是當個家庭主婦。儘管要求已經夠多了，人們近年來又有了新把戲：當個性感人妻，或是人們常說的俏媽咪（MILF）——這是「讓我慾火焚身的辣媽」（Mother I'd like to fuck）的縮寫。人們期望女性能盡速將**產後的身材**復原。

對於母親而言，幾乎怎麼做都不對。若旁人認為，一名母親對孩子管太多，便會狠毒地稱她是「囉唆的母雞」或「直升機母親」；若旁人認為，一名母親太專注於自己的事業，便會稱她是「狠毒的母親」；甚至一名母親只是在咖啡廳放鬆一

下，也會被稱作是「拿鐵瑪奇朵母親」。這些對於母親不友善的態度都是社會中的常態，而有趣的是，對於父親類似的稱呼少之又少。這證實了人們根深柢固的想法：照顧孩子是母親的責任。

家庭與事業的平衡

大部分的男性與女性都希望有小孩：《Brigitte》雜誌於二〇一二年調查了出生於一九七八年與一九九二年間年輕人的生涯規劃，其中有百分之八十五的女性對家庭與孩子的重要性表示肯定，而男性有百分之八十二。儘管如此，過半的女性也認同「生孩子會對職涯發展造成阻礙」的說法，但男性相較之下則沒有這個問題。這個結果並不令人意外，因為女性要在家庭與事業之間取得平衡，確實越來越不容易，主要原因在於許多伴侶在生了孩子後，會陷入傳統的性別角色分配：男性一如往常地工作，而女性則會削減工作量以照顧孩子。

從孩子呱呱墜地的那一刻起，一切都有了不同，幾乎所有的母親都會請**育嬰假**，而願意中斷工作的男性卻只有約三分之一；換句話說，有三分之二的男性將照顧嬰兒的工作完全交給女性。除此之外，男性請假的時間也較短，他們平均只會申請三點五個月的育兒津貼，而女性則會申請十三點三個月。若伴侶雙方均請了育嬰假，許多父親也只會申請額外保障兩個月的育兒津貼，這是一個典型的從眾效應範例，而人們多半會毫不自覺地將這兩個月稱作「父親假」。

在請完育嬰假後，多數伴侶會繼續維持同樣的角色分配——因為有了孩子，伴侶雙方均很難全職工作，說不定公司的最後一場會議都還沒開，幼兒園就已經要關門了。為了在家庭與事業之間取得平衡，許多家長會選擇減少工時，只是雙方不成比例：女性從事兼職工作的比例幾乎較男性多了一倍，而男性的情形則相反，他們的工時不減反增。相較於膝下無子的男性，他們較少選擇兼職工作。

然而，這並不是事先規劃好的，許多伴侶即使在孩子出生前就說好要平分照顧工作，之後仍會陷入同樣的角色分配：男性的薪水是主要收入，而女性的薪水是額外收入。即使這並非多數人所願，但為什麼許多伴侶仍會陷入這個被刻板印象形塑的工作分配？這不僅是性別角色的權利分配問題，而結果也不僅是女性獨自扛下家務工作：男主外、女主內的分配能使伴侶在經濟條件上較有優勢。

由於男性的薪資普遍較女性高，所以男性專職、女性兼職的工作分配是較理想的。然而，**性別薪資差距**並非唯一的原因（詳見第九章），甚至連政府都鼓勵伴侶進行不對等的家務分工：在德國，已婚伴侶一方的薪資所得若明顯多於另一方，就能少繳許多稅。**夫妻聯合繳納**的規定使妻子外出工作沒有顯著的效益，許多女性因此考慮是否有必要為了幾百歐元的薪資，使家庭增加多一倍的稅務負擔，最後便索性辭職了。

然而，女性卻為此付出高額的代價，因為負責家務的一方得在財務上依賴另一方，若兩人之後不幸離婚，女性在履歷長期中斷的情況下，要重返職場便有相當的難度。在求職面試時，女性也常會被問道如何同時顧及工作與孩子，而男性卻鮮少會被問到類似的問題。

女性即使在產後繼續從事兼職工作，也會發現很難在職涯發展更上一層樓，因為有挑戰性的工作與升遷的機會往往都屬於專職員工，甚至是自願超時加班的員工，而育有幼童的員工往往無法承擔重責大任。除此之外，女性常會陷入**兼職困境**：她們雖然為了照顧家庭減少工時，但仍希望之後能恢復專職工作，只是主管的意願常使事與願違。自二〇一九年起，兼職員工終於有權要求重回專職工作，只是這條新的規範漏洞百出，使三分之二的母親仍無法享有此權利。

如果要說到更艱難的處境，就非單親家庭莫屬了——這些家庭其中有九成都是母親在承擔責任。對她們而言，困難的不只是在家庭與事業間取得平衡，入不敷出也是常見的問題，因為除了女性的薪資較低，她們也無法享有**夫妻聯合繳納**的稅務優惠。工作照理來說應是單親媽媽的主要收入來源，但在二〇一七年竟然有百分之二十七的人無業，事實卻是，她們大多有工作意願。

母親所面臨的環境相當嚴苛：她們即使滿足了生孩子的期待，還須符合不成文的社會規範，她們即使過了自己預想中的生活，也得面臨不公平的工作分擔與貧乏的育兒條件，一點也不輕鬆。

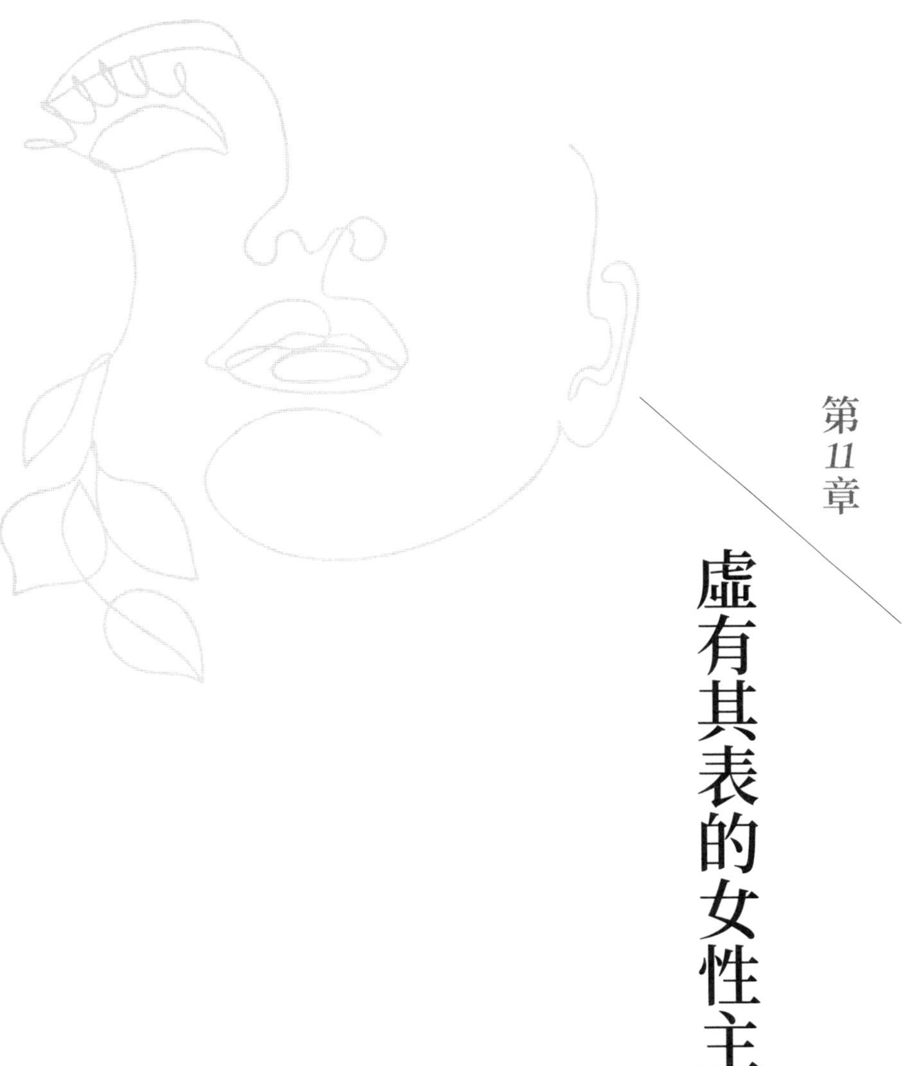

第11章

虛有其表的女性主義

原則上來說，並不是每個人都該支持女性主義，

如此一來，它便不會淪為空殼，進而成為被左派或右派人士利用的工具。

——卡特琳・葛莎克[33]

女性主義者的妝容是什麼樣的？美妝品牌巴黎萊雅與歌手萊娜・邁爾-蘭德魯特（Lena Meyer-Landrut）為推翻父權社會給予了建議：深綠色的眼影、中分的髮型、刷過的眉毛。巴黎萊雅於二〇一八年發布了一部美妝教學影片，由萊娜・邁爾-蘭德魯特示範所謂的「女性主義宣言妝」。彩妝師拿著名為「女性主義者」的眼影盒為邁爾-蘭德魯特上妝，「雖然都是深色，卻相當地自然與和諧。」她興奮地說道。

儘管影片沒有說明這款產品與這類妝容和女性主義之間的關聯，卻依舊引起了許多民眾的批評，而巴黎萊雅隨後也將影片下架。這款眼影盒被如此命名的原因不言而喻：許多業者都發現，在當今的社會氛圍中，若能與「女性主義」

攀上關係，便有利可圖。他們認為，許多女性都開始接觸女性主義，因此順勢制定了行銷策略。

將爭取平權作為銷售策略

在時尚產業尤其能看見女性主義的蹤跡，如快時尚品牌H&M與Monki便透過女性主義標語銷售上衣、帽子與內褲。若有人願意為一件上衣掏出五百五十歐元，便能購得一件迪奧的白色短袖圓領衫，上頭印了「我們都該是女性主義者」的字樣。除此之外，瑞典品牌Acne也在二〇一五年推出了男性的套頭衫，為穿著者做出「性別平等」與「極端女性主義者」的宣示。

另一個針對女力或女性主義擁護者的行銷策略是廣告標語，亦即**女性主義廣告**。例如在奧迪汽車的廣告中，小女孩在無動力汽車競賽中超越小男孩，而

33. 卡特琳·葛莎克（Katrin Gottschalk，一九八五—），德國報紙《日報》副總編輯、女性主義雜誌《Missy Magazine》前總編輯。

她的父親因此思考，自己女兒的能力是否不輸男性，甚至更甚於男性。這則廣告欲傳達的訊息鮮明：女孩日後若能在奧迪工作，便有機會證明自己——因為這間汽車製造商為相同的工作績效實現了薪資平等。

購物多是女性說了算，且不只局限於超市或藥妝店：相較於男性，女性更常考慮添購新車與新電腦。因此對企業而言，將女性作為廣告投射目標較能看見經濟效益。這類女性主義廣告在社群媒體上尤其常見，對廣告公司而言，這是一個非常好的機會，不僅能發掘大量的潛在客戶，還能向她們傳遞訊息，以告知往後能選購身體乳液與護墊的女性友善企業。

從女性主義的觀點來看，女性在廣告中的形象不再是打掃精靈與花瓶確實值得高興（詳見第四章），而將女性主義標語印在服飾上販售也不是嚴重的問題，但那些近期開始喊著女性主義口號的企業，並不一定有在內部落實性別平等政策，如巴黎萊雅與奧迪

的高階主管皆以男性為主：巴黎萊雅的董事成員只有三分之一是女性，而奧迪的董事成員幾乎清一色是男性。

女性員工處境尤其惡劣的，是H&M一類的快時尚品牌：在全球分工體制下，紡織廠的女工只能分到微薄的薪資，除此之外，勞工與人權機構的調查結果顯示，受僱於H&M一類品牌供應商的紡織女工，每天都暴露在性暴力的危險中，而懷有身孕的女工甚至常被辭退。儘管H&M在其孟加拉拉納大樓的製衣廠於二〇一三年倒塌後，承諾了更安全的工作環境——當時造成了一千一百人死亡——直到兩年半後，其孟加拉供應商的製衣廠大多仍無緊急逃生出口。顯然，縫製印有女性主義標語的服飾不是個安全的工作。

誰需要職涯女性主義？

紡織女工的案例證明了，若女性主義淪為行銷工具，便是虛有其表：當許多女性在惡劣的環境中工作時，女性主義的標籤只是金錢遊戲的籌碼。類似的概念還有**職涯女性主義**，這類女性主義主張，女性應順應父系社會中的資本主義規則，而不是挑戰與質疑規則。

職涯女性主義的代表性人物為Facebook的營運長雪柔・桑德伯格，她於二〇一三年出版了**《挺身而進》**一書，鼓勵女性開創職業生涯，並勇於爭取高位。桑德伯格鼓勵讀者：放手去做吧，女人們！努力工作、超時工作，並建立人脈，讓伴侶成為支柱。如此一來，妳們便能帶著笑容步步高升，甚至成為公司董事。

桑德伯格的女性主義事實上是有缺陷的：她認為女性也能成為公司董事，但許多公司的董事遴選大門根本沒為女性敞開——無論她們多認真工作。除此之外，單親媽媽往往沒有另一半的支持、戴頭巾的穆斯林女性常在求職面試時受到歧視，而美髮師、幼兒園老師與銷售員則需與低薪奮鬥。對她們而言，成為知名企業的高階主管幾乎是遙不可及的目標。「職涯女性主義一詞是為贏家設計的，不是輸家。」文化理論學家安吉拉・麥克羅比（Angela McRobbie）曾如此批評道。職涯女性主義僅代表少數菁英女性對於困難的見解，而她們多是美國中上階層的白人。

諸如此類的狹隘觀點也常見於媒體辯論：人們經常討論那些情況已經相對優越的女性所遭受到的歧視問題。當然，女性演員在好萊塢的薪資較男性低是不公正的，但她們的收入已是以百萬計數。沒錯，確實有一定比例公司的監理會在協助女性突破玻璃天花板，但真正能參與公司決策與管理的女性仍少之又少。一個人若以嚴肅的態度面對女性主義，就不該只對富裕女性的問題感興趣。

偽裝成女性主義的歧視

#Aufschrei 與 **#MeToo** 一類的標籤使社會對於女性日常遭受到的性暴力產生了爭論（詳見第八章），有些人甚至偷渡了極右派思想，希望藉此達到自己的目的，例如被聯邦憲法保護署列為觀察名單的認同運動，亦即過去數年來興起的「一二〇分貝」（120 Dezibel）運動。認同運動支持者認為，女性所遭受到的性暴力是「外來暴力」。換句話說，他們認為沒有移民，就沒有暴力問題。

二〇一八年初，YouTube 上開始出現「一二〇分貝」運動的影片。裡頭的年輕女性襯著哀傷的音樂，對著鏡頭述說自己遭受性侵、暴力與謀殺的經歷：「我在坎德爾被人刺了一刀、我在馬爾默被人性侵、我在斯德哥爾摩被人開車衝撞……」這些都是對於女性真實的惡意，而故事的共通點是，犯罪嫌疑人皆是有難民或移民背景的男性。影片中的女性因此聲稱，如今歐洲的女性生活在被難民施暴的陰影下：「因為你們沒有保護我們、因為你們沒有鞏固邊境，使我們暴露在危險之中。都怪你們不管制入境的人、不遣返罪犯。」此外，影片中的女性還擔心不久的將來將面對一個「多數男性均對女性不友善的守舊社會」。

希林・伊巴迪（出生於一九四七年）

伊朗法學家希林・伊巴迪（Shirin Ebadi）在家鄉為人權與平權奮鬥。在伊朗，無論男性或女性的處境均不理想，例如政府會逼供，而法院會以鞭打、截肢與斬首作為行刑手段。除此之外，女性不得在公開場合拋頭露面，也無法在沒有獲得丈夫或父親允許的情況下出國。儘管伊巴迪於一九七四年被任命為伊朗的首位女性法官，伊朗女性的社會地位仍於一九七九年隨著伊斯蘭革命的爆發逐漸下滑，而伊巴迪也因此被迫辭職。有鑑於伊巴迪的貢獻，她於二〇〇三年獲頒諾貝爾和平獎，成為首位獲頒此獎的穆斯林女性，並自二〇〇九年起流亡於倫敦。

儘管「一二〇分貝」運動試圖透過操作女權議題，挑起對於難民的敵意與種族歧視，這卻不是一個創新與罕見的手法。連「另類選擇黨」（AfD）[34]都試圖透過同樣的手法挑起社會對於移民與難民的排斥，因此他們經常宣稱「我們的女性正在擔心受怕」。發現了嗎？這裡使用了常見的所有代名詞：男性在談論女性，並認為對方是自己的財產。

此外，這類說詞也暗示了其他（不屬於「他們」）的女性即使擔心受怕，也與他們無關。

多數的女性主義者會與這類活動劃清界限，原因在於：第一，他們不僅反對性別歧視，也反對種族歧視與對伊斯蘭教不友善的立場；第二，所謂的右派**女性民族主義**不將女性所遭受到的暴力視為整體社會的問題。相反地，「一二〇分貝」一類的活動將攻擊行為全怪罪給移民與難民，彷彿一切都與有德國護照的白人無關。

34. 譯註：「另類選擇黨」為德國具代表性的極右派政黨。

反擊策略：多元交織女性主義

被服飾與汽車業者當成銷售策略的女性主義、被視為生財工具的女性主義、被歧視主義者利用的女性主義……這些範例證明了人們在面對「女性主義」標籤時，應認真地探究其背後真正的平等與解放意涵。

若願意認真思考，應該不難看出女性主義背後**多元交織**的思維。**多元交織**性這個艱澀的詞彙意味著，一個人身上同時有多種可能會被歧視的元素。多元交織女性主義的思維首先是，深刻地明白人們因為許多不同的原因被歧視，不只是性別，還有例如膚色、年紀、出身、國籍、性傾向與信仰。再來是能夠認知，人們常同時遭受到不同的歧視，而不同的歧視成分組合使不同的人有不同被歧視的經驗。

具體的例子是，儘管她們都是女性，但美國的高學歷白人女性、孟加拉的紡織女工以及敘利亞女性難民所面臨的問題是不同的。而女性主義意味著為她們爭取更自由、更平等的生活。

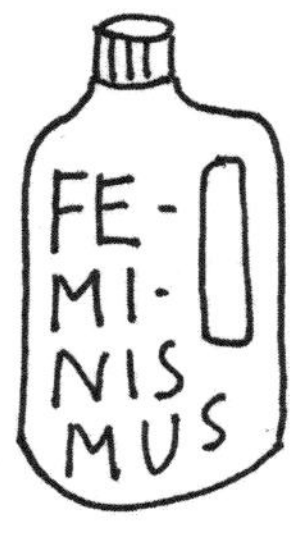
FE-
MI-
NIS
MUS

FE
MIN
ISM
US

Femi
nismus

FE

feminist

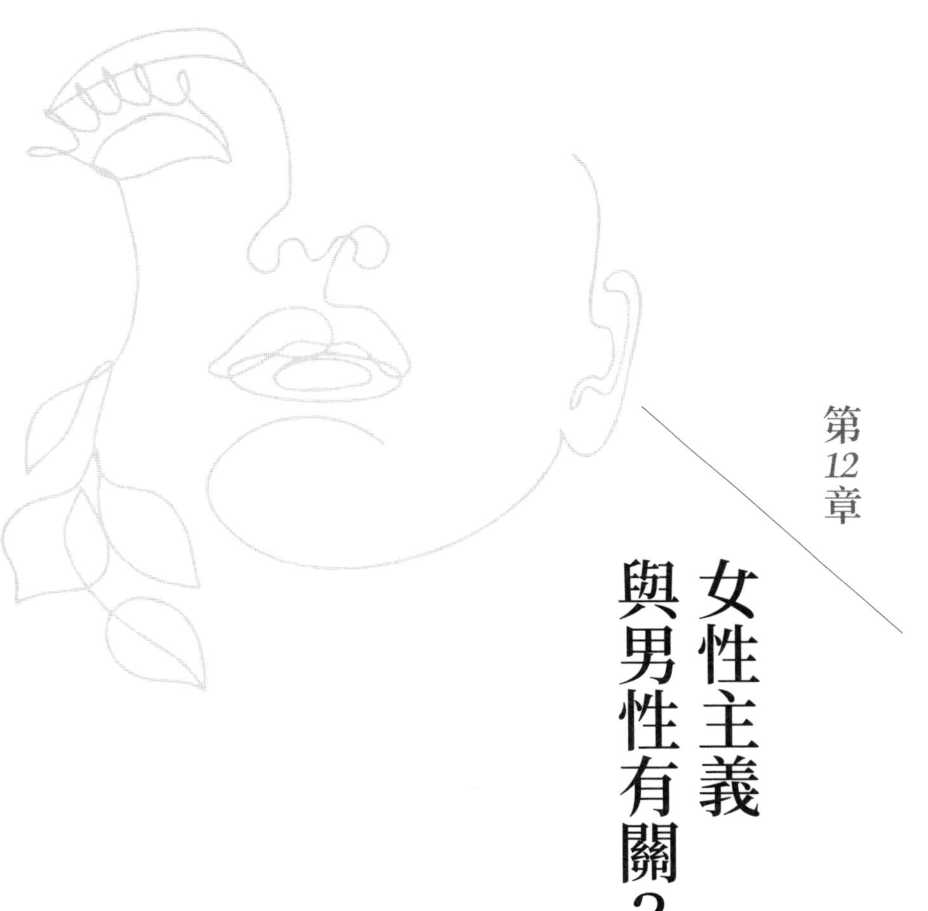

第12章

女性主義與男性有關？

若無法在社會獨立，並擁有平等的性別地位，一個人便是不自由的。

——奧古斯特・倍倍爾[35]

二〇一四年，電影演員艾瑪・華森在聯合國發表了演說，並鼓勵男性為女性主義努力。「希望我們能夠終止性別不平等。」她說：「為此，需要大家攜手努力。」艾瑪・華森的演說為「他為她」（HeForShe）運動吹響了號角，這個運動旨在鼓勵男性一同爭取性別平等。隔年，艾瑪・華森於一次訪談中表示，她在上臺前被要求避免使用「女性主義」一詞：因為這個詞令人感到「疏離」與「分化」，然而她把這番話當作耳邊風，一共在臺上說了六次的「女性主義者」與「女性主義」。

只要男性願意為女性主義努力，且彼此不惡言相向，「他為她」運動多少能有貢獻。當然，無論男性、女性或其他性別的人，只要願意為性別平等爭論，都是好的。重要的是，無論性別，每個人都能夠享有相同的權利、機會與自由。女性主義不是要女性與男性鬥爭，女性主義者的目的是實現一個沒有性別歧視與約束的社會。

也因如此，女性主義運動早有許多男性參與：第一場女權會議在一八四八年夏天於美國的塞內卡福爾斯召開，最後更發表了一項宣言，其否定了男性對於女性的一切支配權。一百名與會者簽署了《感傷宣言》，其中有六十八名女性與三十二名男性。

女性主義不僅承諾將解放女性，而是解放所有性別的人。這對男性而言意味著，過去在社會中被視為屬於女性的事物，他們也能夠享受。換句話說，女性主義拓展了他們的世界：男性也能以幼兒園老師或產後護理師作為職業，而他人不會對此大驚小怪，在這個新的世界裡，他們不會被要求堅強，因此能展現感性的一面。如此一來，他們不只有在觀賞足球賽時能表達情緒，而失戀時或考試挫敗時也不必再壓抑自己。

在貶低女性特質的社會中，男性須不斷地堅持自己的陽剛特質。若不符合

35. 奧古斯特．倍倍爾（August Bebel，一八四〇—一九一三），德國社會主義政治家、女權人士、德國社會民主黨共同創始人。

外界的性別期待，並喜歡攬和「女生的事物」，他們甚至會自我貶低。

因為如此，性別角色的開放至今幾乎是以單方面進行：如今，我們的社會對於女孩穿褲子毫無意見，而她們也可以喜歡消防車玩具，或有男子氣概，但男孩若穿裙子或上芭雷舞課就是另一回事了。

若你是男性，並願意一同為性別平等努力，就不該為自己設限（詳見第十四章），我也在此提供幾個建議：

認清自己的特權

請認清自己性別優勢的涵義，換句話說，男性較女性享有較多**特權**。這並不代表你會過著無憂無慮且毫無挫折的人生，這裡的**特權**指的是一個人不會因為自己的性別受到普遍的歧視：即使女性剪和男性一樣的短髮，收費仍較高，即使男性和多人發生過性關係，也不會被罵婊子或蕩婦，男性在二十五至三十五歲間，不必擔心會被老闆開除，因為他們沒有懷孕的問題。

除了性別以外，還有許多特權因素能使人免於遭受普遍的社會歧視：假設你是一名異性戀的順性別白人男性，不僅有德國護照，還沒有殘疾，甚至父母都有高學歷，也沒有經濟困難，那麼你的人生已經比許多人輕鬆了不少。請認清自己的**特權**，並幫助生活較困難的人。

仔細聆聽

由於性別的緣故，女性絕對有與男性不同的經驗——那些事情你可能連想都沒想過。因此，請靜下來聆聽女性的心聲，但別把對象局限於自己的女朋友、姐妹與母親。別忘了你坐輪椅的同學，以及在女性主義遊行認識的跨性別女性。當她們談及性別歧視時，別急著反駁，因為那並不是針對你。請認真看待她們的遭遇，且不要說事實並不是她們所想的那樣。會有「男性說教」一詞不是沒有原因的：許多男性會向女性解釋事物，即使自己並不如對方熟悉該議題。

糾正其他男性

若你目睹了其他男性對女性不友善的行為，請糾正對方；若聽到朋友說了沙文主義式的笑話，請別出於禮貌跟著笑，而是要清楚地向對方說明為什麼這樣不妥；若你看見朋友在派對上騷擾明顯對他沒有興趣的女性，請阻止他。因為沉默不會使性別歧視消失，只會讓多人繼續受害。

給男性的十四個問題

- 若有人說了歧視女性的笑話，你會出聲反對嗎？
- 若朋友臨時提議要去游泳，你會因為身上特定部位的毛髮沒有去除而拒絕嗎？
- 你每天早上會覺得應該要打理好自己的毛髮，以符合他人的期待嗎？
- 你被其他人評論過體重嗎？
- 你想過或真正節食過嗎？
- 你晚上獨自走在漆黑的街道上時，會感到害怕嗎？

- 你在安全回到家後，會傳訊息向朋友報平安嗎？
- 你被告知過，出門在外要小心，並要懂得保護自己嗎？
- 你為不公正的事物抱怨時，有被說過是「小題大作」或「大驚小怪」嗎？
- 你在說話時，常有女性打岔嗎？
- 你因為外表「好看」或「可愛」而被稱讚過嗎？
- 你被人說過因為外表難看，所以沒人想和你發生性關係嗎？
- 你謊稱過自己有女友，以擺脫糾纏不休的女性嗎？
- 你敢在他人面前落淚嗎？

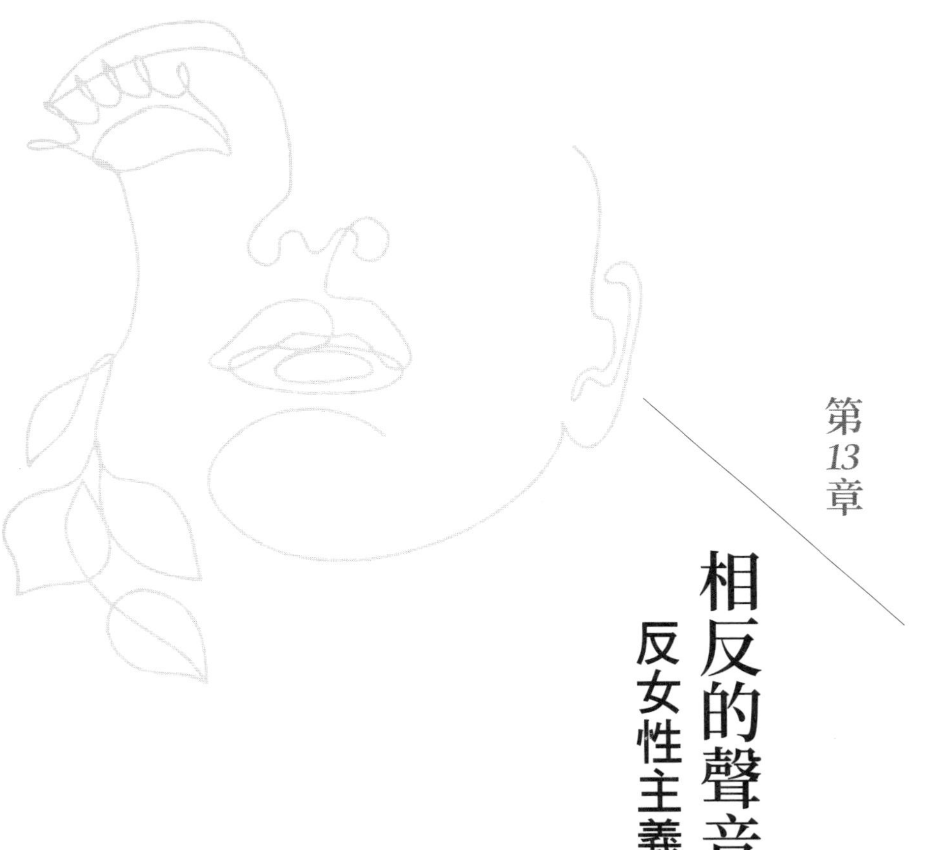

第13章

相反的聲音

反女性主義

女性越是想入侵男性的世界，受到威脅的男性越會武裝自己。

——海德維希．多姆[36]

媒體評論家阿妮塔．薩克希恩（Anita Sarkeesian）為電腦遊戲中的女性角色感到憤怒，因為如「困境中的少女」一類的角色總是在等待男性英雄的拯救。在 YouTube 頻道「**女性主義者頻率**」（Feminist Frequency）的三部系列影片中，薩克希恩為自己的不滿作出了說明，她一直以來研究了流行文化中的性別歧視與刻板印象問題，且不限於遊戲，還包含了電影、影集與圖書，此頻道上部分影片的觀賞人次甚至高達百萬。

薩克希恩對於電腦遊戲的女性主義評論不只為她帶來了粉絲，還有仇恨：她除了收過性侵與謀殺威脅，其維基百科頁面還曾遭人換成色情圖片，甚至她的 YouTube 影片也曾被惡意檢舉。除此之外，薩克希恩的網站也遭受過攻擊，連她的住址都被人公開，甚至有人開發了一款遊戲，其中的任務就是把薩克希恩毒打一頓。

自二〇一二年夏天開始，薩克希恩便不定期地會收到威脅、謾罵與侮辱訊息。反女性主義人士希望能藉此嚇唬她，讓她閉嘴。另一名女性主義作家羅利・佩尼（Laurie Penny）也與薩克希恩有相同的遭遇：她幾年前在 Twitter 收到了一封匿名訊息，上頭寫了：「我們要炸了妳家。」對方甚至挑明了日期與時間，佩尼因此到前男友家躲了兩天，並警告了鄰居。

為女性主義發聲的人要提防的不只有恐嚇訊息，近年來作風逐漸大膽的反女性主義運動正是針對女權運動而來，而他們試圖瓦解的是對於女性的支持及其他戰果。反女性主義人士會在 YouTube 上發布影片，試圖證明女性主義者

36. 海德維希・多姆（Hedwig Dohm，一八三一—一九一九），德國作家與女性主義理論家。引文出自其著作《反女性主義者》。

的論述有誤。除此之外，他們也會對知名女權人士的維基百科頁面動手腳，以降低其可信度。再不然，他們還會新增自己的維基百科頁面。反女權人士的行為就是使薩克希恩與佩尼遭受攻擊的根本原因，而他們的支持者甚至有增加的趨勢。

反女權的女性

從女性主義誕生的那一刻起，就出現了反女性主義人士。雖然只是以紙本寫成，但卻連當時英國的婦女參政運動者都收到了恐嚇訊息，不僅有人朝她們丟擲臭雞蛋和魚，還會有人

馬拉拉．優素福扎伊（出生於一九九七年）

在馬拉拉十歲時，她的家鄉（巴基斯坦斯瓦特縣）遭到極端伊斯蘭組織塔利班奪權，他們試圖以神權建國，並向女性頒布了諸多禁令，如不准上學與聽音樂。之後，馬拉拉開始匿名撰寫網誌，並為 BBC 供稿，描述塔利班在巴基斯坦對人民的打壓。她之後逐漸成名，至今仍常在公開場合為女性的權利與教育發聲，然而這也為她帶來不利：二〇一二年的一天，塔利班分子攔下了馬拉拉所搭乘的校車，並朝她臉上開了一槍，儘管她最後活了下來，卻舉家逃到了英國。二〇一四年，馬拉拉以十七歲的年齡獲頒諾貝爾和平獎。

偷偷地在她們集會時放老鼠，而這些反對婦女參政運動的人不限男女。當時出現了許多反對賦予女性投票權的團體，其中之一為「反女性投票國家聯盟」（National League for Opposing Woman Suffrage），而其宗旨為「女權運動須由女性瓦解」。

女性為賦予女性投票權表示反對？這看似奇怪的現象，其實在父權社會中相當正常：教育告訴她們，女性是男性的附屬，而男性的意見與權利較為重要。父權教育賦予了女性如此的價值觀，以致於她們成為了壓迫女性的幫兇——而當時的英國就是如此。

反「性別」

當代反女性主義的宗旨有三：第一，性別只有男性與女性兩種，剩下的是「性別認同」問題；第二，男性與女性因先天差異而扮演了不同的社會角色，這點不該被女性主義「糾正」；第三，因為同樣的原因，如「女性佔比」這類的性別平等政策是有誤的。這類規定甚至侵害了男性的權利，因此可說有性別歧視的成分在其中。

幾乎可以說，當今的反女性主義反對了與**性別**有關的一切。他們尤其排斥**性別研究**，因為這門學科在分析男性與女性之間的差異時，不僅著眼於生理差異，還有文化條件。**性別**概念與性別研究都意味著我們的社會以越來越開放與彈性的態度在面對這個議題。因此，反女性主義者總是誹謗性別研究，說那不是一門學科，而是純粹的意識形態問題，根本是在浪費納稅錢。

除此之外，反女性主義者也對學校的性教育有意見：他們不滿課堂上除了講述異性戀家庭外，還介紹了其他不同的生活與關係模式。他們甚至認為，在課堂上討論同性戀與跨性別會使孩子「性早熟」，隱藏在這項行為背後的根本原因是對於LGBT的不友善與對多元性別的排斥。

儘管女性主義的勢力在過去幾年來逐漸壯大，反女性主義的聲音也在同時增加。尤其對方還是全球勢力強大的男性，平等社會的實現著實令人感到擔憂：教宗不久前才將人工流產比喻為委託謀殺，唐納．川普甚至說他能任意地觸摸女性的下體，實際上也會這麼做，只因為他是名人。川普之後獲選為美國總統更是證明了歧視女性的言論不會妨礙職涯發展；相反地，對於女性不友善的言論還能帶來大批的死忠追隨者——教宗與川普深知如此。

提醒：欲知能對反女性主義言論做出的回應，請見頁一八七至一九〇。

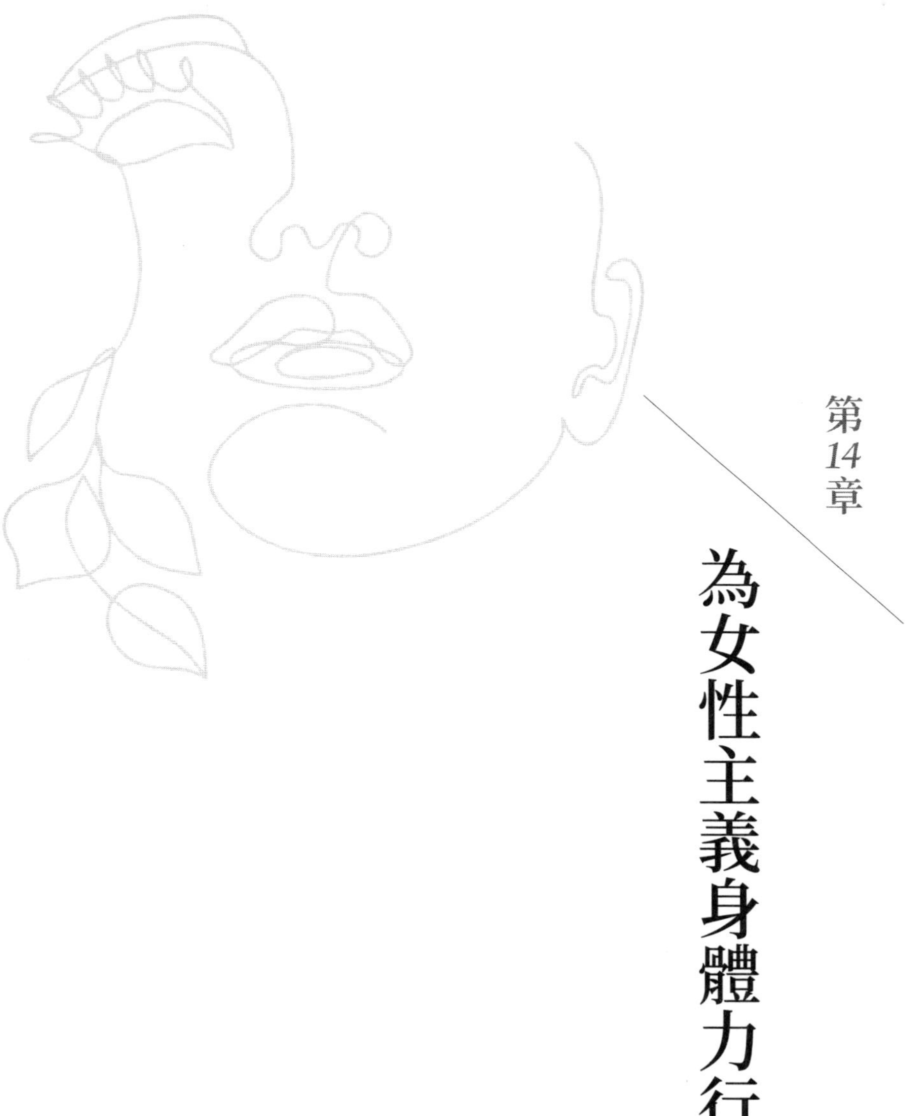

第14章

為女性主義身體力行

未來取決於人們今天所做的一切，而活動需由人發起。

——葛羅麗雅．斯泰納姆[37]

或許你在讀完這本書後會感到憤怒，你希望實現一個沒有人會因為性別或其他因素被歧視的公平社會，但目標還很遙遠。人們常要女性別為此感到憤怒，但憤怒是一種重要的情緒，能讓人挺身而出。能做什麼？該怎麼做？就讓我來為你解答。

重拾自信

許多女性主義者擔心自己會被貼上標籤，因為女性主義一直以來都有形象的問題。儘管這無關女性主義的本質，但請你大方與自信地承認，自己是女性主義者。如此一來，旁人便能勇於發聲，而你也能獲得與他人討論女性主義的機會。

談論女性主義

對象不限於現成的女性主義追隨者，還有對於女性主義毫無興趣的人，而你的素材隨手可得，例如電鑽品牌海報上的半裸女郎，以及男性與女性之間最新的薪資差距。若聽到他人向一名跨性別女性說她明明就是男人，請告訴對方你的想法。為女性發聲的人並不一定要是女性主義專家，說錯話或在與他人討論後改變想法也不是問題，因為討論是一個學習的機會，並不只是為了要說服對方。若有人對你說了針對女性主義的愚蠢偏見，請參考我的小抄（見頁一八七至一九〇）。

找到屬於自己的女性主義

請增進自己對於女性主義的知識，而方法有許多：閱讀女性主義部落格、書籍、雜誌，或收聽女性主義廣播與觀看相關影片。若你有特別感興趣或認為

37. 葛羅麗雅・斯泰納姆（Gloria Steinem，一九三四—），美國女性主義者、作家、女性主義雜誌《Ms.》共同創辦人。

特別重要的女性主義議題，請深入了解，並與他人交流。如此一來，你便能找到屬於自己的女性主義。

別有性別歧視

我們生活在一個性別歧視的社會中，而沒人能置身事外。請小心，別陷入性別歧視的思維與行為模式：你說過穿低胸上衣的女性看起來很「廉價」或「放蕩」嗎？你開過金髮女性的玩笑嗎？你認為不敢跳水就沒有男子氣概嗎？你若是異性戀女性，認為男性該如大家所想的，為第一次約會付錢嗎？

與他人建立網絡

人們常說寡不敵眾，因此集結力量便很重要。請尋找志同道合的夥伴，無論在網路世界或現實生活都可以。如此一來，你們不僅能互相打氣，還能獲得不同的見解：戴頭巾的穆斯林女性、住在鄉下的同性戀女性、大學課堂上少見的物理系女學生……她們的生活經驗絕對大有不同。

挺身抗議

傳統上來說，女性主義者會在每年三月八日的國際婦女節抗議，而這天也常被異議人士稱作勞動婦女節。當然，除了走上街頭，你還有許多方式能為性別平等發聲，例如網路：你可以發起使用女性主義標籤，或在部落格撰寫關於女性主義的評論，抗議總是能帶來關注，若光是靜靜地為不公平的社會感到不滿，並無法改變什麼。

女性主義小抄：如何向典型的偏見反擊

有些言論太過常見，女性主義者聽到甚至都會背了，而這些話不僅愚蠢，還毫無邏輯，甚至連當事人想回應都不知道該從何說起。若你想反駁對方，接下來的提示或許能帶來幫助。

依據經驗，有些人根本**不想**知道事實。值不值得為了他們浪費口舌，你就得自己判斷了。若你認為，花時間在他們身上是種浪費，那就算了吧。

「女性主義者厭惡男性！」

「才怪，許多女性主義者都有丈夫、男朋友與男性友人。他們不是排斥男性，而是排斥父權制。他們厭惡的，是社會對於男性與女性的差別待遇。」

「女性主義者歧視男性！」

「女性主義的宗旨是，使所有人免於歧視，無論性別為何。」

「女性佔比政策是對於男性的歧視！」

「不，佔比政策的目的是平衡性別結構。女性的自主升遷制度在過去沒有良好的成效，因為男性主管傾向提拔男性下屬。除此之外，人們口中的女性佔比事實上叫作性別佔比，因為男性員工的比例若明顯較低，也同樣適用。」

「我們已經是一個平等的社會了！」

「紙上平等是沒有用的。若女性還會為性暴力擔心受怕、還會在職場遭遇玻璃天花板、還難以在社會或政壇取得重要地位、還領較少的薪資、還被不切實際的審美標準苛求，女性主義就還有存在的必要。」

「男性與女性的生理結構根本不同！」

「生物學研究早已證明，性別是一個光譜，而大部分的性別研究也指出，男性與女性有極高的相似度。如此一來，一個人有乳房或睪丸，甚至喜歡科技或購物，到底有什麼重要的？」

「女性主義者都不除腿毛，有夠噁心！」

「真正噁心的是對於他人外表的批評，一名女性是否要除腿毛，是她個人的決定，而同樣的道理適用於化妝、穿高跟鞋與穿涼鞋。女性主義者對於除毛沒有意見，他們批評的是要求女性必須除毛的社會規範。」

「但愛麗絲．施瓦澤（或某個女性主義者）說……」

「女性主義並不是一言堂，而許多社會運動與黨派都是如此。若一名女性主義者表示自己對於某個觀點不同意或有不同的見解，這並無損她女性主義者的身分，況且她也並不是在否定女性主義的合理性。」

「我也是女性，但沒有被歧視過！」

「那真是太好了，但人不能只關心自己。許多女性的遭遇和妳截然不同，有女服務生被客人性騷擾，說她太胖了不該穿露出腹部的上衣，也有女性求職者沒能獲得工作，僅因為對方較信任男性，或擔心她將來可能會懷孕，甚至有女性為了照顧孩子與家人而做兼職工作，卻因此獲得了較少的老年退休金。我們怎麼能忽略這一切，而不去改善社會呢？」

詞彙說明

貝克德爾測驗

貝克德爾測驗是一種女性主義測試，旨在分析電影是否以男性為中心，或是否有採用女性觀點。命名緣由為漫畫家艾莉森・貝克德爾，其於漫畫中敘述了測驗方法。貝克德爾測驗由三個問題組成：第一，電影中是否有至少兩名女性角色擁有自己的名字？第二，女性角色之間會對話嗎？第三，女性角色之間有無關男性的對話嗎？若能為三個問題給出肯定的答覆，一部電影便通過了測驗。

二元制

若一個體系由兩個選項組成，便能被稱作是二元的。西方社會將性別分為男性與女性，因此也是二元的。如此一來，無法在二元性別中找到歸屬的人，會稱自己不屬於二元性別。

生物主義

有些人會無視文明與文化的影響，單以生物觀點解釋社會現象，我們稱之為生物主義。生物主義常被用以合理化男性與女性之間如工作選擇之類的差異。

身體自愛運動

每個人的身體都值得被愛——這是身體自愛運動的宗旨，它反對一切針對身體「好看」、「不好看」與「美」、「醜」的評價。

照料工作

此概念衍生自care這個英文字，並有「照顧」、「照護」與「照管」的涵義。照料工作常伴隨了家務勞動與孩童、長者、病患照顧的低薪或無薪問題，而這些工作常由女性承擔——無論在職場或私人生活，她們都扮演了育兒員與看護的角色。

順性別

順性別男性與順性別女性指的是那些對於自己出生時被賦予的性別感到認同的人，而順性別的相對詞為跨性別。

差異女性主義

其為最主要的兩個女性主義派系之一。差異女性主義主張，不同性別之間存在了極大的差異：男性與女性不同。差異女性主義認為，當今社會由男性主導，而女性的需求與特質不僅受到忽視，還遭到貶低。

做性別

在文化條件下所產生的社會性別被賦予了特定的期待，而人們無論有意識或無意識地遵照這些期待的行為，被稱之為做性別。例如一對異性戀伴侶在上車時，男性往往會坐到駕駛座，而女性會坐到副駕駛座，以及第一次約會由男性開口邀約並買單。

同酬日

這是一個每年象徵性的日子，為使人們注意到男性與女性薪資不平等的問題。同酬日並無特定的日期，而是取決於性別薪資差距：人們透過男性與女性的薪資差距計算出女性當年直到哪一天都是無薪工作，而那天就是同酬日。

肥胖羞辱

身材不符合社會纖細標準的人，常會受到肥胖羞辱，例如對於他們身材貶低的目光與無理的評論。

社會性別

Gender 這個英文字指的是文化條件下的社會性別，而 Sex 指的是生理性別。社會性別是一個人因其性別而被社會賦予的特質與社會角色。

性別空格與性別星號

此為兩種性別正確的書寫方式，以明確地指稱社會中所有性別的人們。有些女性主義者喜歡使用性別空格，而有些人偏好性別星號。

性別薪資差距

其指的是男性與女性之間的薪資差異，德國的性別薪資差距高達百分之二十一，位居歐盟首位。此概念又分為未釐清與已釐清的性別薪資差距，後者找出了使女性收入較男性低的因素，例如女性較少擔任高階主管，但較常做兼職工作，並任職於薪資較低的產業。儘管問題已被釐清，但兩性之間的薪資仍存在了百分之六的差異。

性別定價

即使接受的是相同的服務，女性理髮與除毛的收費往往較高，而這種針對不同性別的差異化定價被稱作性別定價。原因在於，人們認為女性願意為特定的產品或服務花費更多的錢，而理髮就是最好的例子。

通用陽性

表面上指的是男性，事實上指的是所有人，這種書寫與口語表達方式被稱作通用陽性。例如一個人雖以陽性形式提及了一百位老師與一百位髮型師，但其中可能多數都是女性。

玻璃天花板

女性的職涯往往止於中階管理層，因為高階管理職幾乎都是由男性把持。然而，女性無法繼續升遷的原因並不透明，因此出現了玻璃天花板的說法，以指稱看不見的阻礙。

平等女性主義

其為最主要的兩個女性主義派系之一。平等女性主義主張，男性與女性基本上是相同的，因此不認同「女性天性」的說法：男性與女性之間的差異始於社會一開始對兩者所採取的不同態度，以及為其賦予的不同社會角色。

異性戀霸權

異性戀霸權指的是認為僅有異性戀屬於正常與健康的態度，並排斥其他一切的性傾向。

多元交織性

多元交織性這個概念是由美國的黑人女性主義者所提出，以批評中產階級白人女性為中心的觀點，並強調了如歧視所造成的打壓問題。多元交織女性主義主張造成歧視的因素有許多，而它們可能會同時出現在一個人身上：除了性別以外，還有膚色、出身、信仰與性傾向等。

跨性別

不是所有人都能夠被明確地歸於單一生理性別，因此同時具有男性與女性生理特徵的人，被稱作跨性別人士。

LGBT

此綜合名詞指稱非異性戀與（或）非順性別的族群，縮寫字母代表了女同志（Lesbian）、男同志（Gay）、雙性戀（Bisexual）與跨性別（Trans），而這個縮寫常被再加上Q（酷兒）與I（雙性別）。

男性注視

男性注視是一個源自於女性主義電影理論的概念，指的是觀眾在看電影時所採取的異性戀男性視角，並呈現出對於女性及其身體的慾望，例如攝影鏡頭常會對準女性的低胸領口或臀部。

男性開腿

男性開腿指的是，男性常在公共場所佔空間地開腿坐的現象。

馬克思女性主義

馬克思女性主義的根基是卡爾．馬克思的思想，其批判了資本主義對於人們的剝削。馬克思女性主義結合了對於資本主義的批判，並將重點擺在因為女性承擔無薪家務勞動（即照料工作），男性因此能無憂無慮地賺取薪資的現象。

厭女

厭女源自於希臘詞彙，指的是對於女性不友善的態度、行為與言詞。

網路女性主義

網路女性主義不是一種女性主義派系，而是一種網路上的女性主義活動，例如在部落格上或社群媒體上，德國的網路女性主義主要因 #Aufschrei 標籤為人所知。

生態女性主義

此概念源自於一九七〇年代，屬於差異女性主義的分支。生態女性主義主張由於女性能夠生育，其身體較男性的身體貼近自然，並將對於女性的打壓視為對於自然的摧毀，不過如今生態女性主義已逐漸失去了影響力。

父權

從字面上來看，父權意味著「父親掌權」。這個概念指涉了一種男性權力大於女性的社會結構，以及男性較女性優越的體系，而這種不對等的權力關係常被描述為「由男性主導的社會」或「男性霸權」。

大眾文化女性主義

此概念指的是出現在流行文化中的女性主義，如今也常被理解成明星女性主義：過去數年來，許多明星都表態自稱是女性主義者，例如碧昂絲、泰勒絲與麥莉・希拉。然而，這類順應趨勢的大眾文化女性主義常被批評過於溫和與空洞。

特權

一個人若是異性戀、白皮膚、順性別、富裕且無殘疾，那麼他便於社會享有了特權，且不需像黑人女性、跨性別男性與坐輪椅的殘疾人士為歧視擔心受怕。這裡的特權指的是一個人不會因為自己如性別一類的特徵，而受到普遍的歧視，並不等同於無憂無慮的生活。

酷兒

此概念不僅能夠指稱非異性戀的人，還有無法在「男性」與「女性」分類中找到歸屬的人。酷兒一詞在英語原是罵人的話，對象是同性戀男性。LGBT族群接收了這個字，並將其轉化為正面涵義。酷兒在英語中有「偏離」

的意思，因此如今被用以指稱不適用於雙性與（或）異性戀分類的人。

酷兒女性主義

酷兒女性主義是當今平等女性主義的分支，其於社會建構方面同時重視了社會性別與生理性別。酷兒女性主義強調多元性別，亦即不是只有男性與女性的分類，甚至相同性別的人也會有不同的遭遇：膝下無子的中年白人女性、擔任高階主管的穆斯林女同志、失業的土耳其單親媽媽……這些女性儘管都可能遭受到性別歧視，內容卻大有不同。

佔比

其為支持受歧視族群升遷與參選的工具。在德國政壇，綠黨是第一個導入女性佔比政策的政黨：其於一九八〇年創黨時便決議，至少一半的任命官員與黨職人員須為女性。然而，德國企業界僅有少數職位的性別佔比被定為百分之三十，亦即上市公司或有完全決定權的監理會。

性侵文化

若一個社會的主流文化包含了性侵與性暴力的可能性，甚至能對其容忍或進行平反，那麼便涉及了性侵文化：受害者的說詞不僅可能不被採納，他們甚至還得承擔部分責任，因而淡化了侵害的嚴重程度。

生理性別

Sex這個字常被用以指稱生理性別，而相對的字是用以指稱社會性別的Gender。依據不同的生理特徵，生理性別是固定的，例如生殖器、荷爾蒙、染色體……等等。

性別歧視

人們對於性別歧視有不同的定義，其一為基於他人性別的貶低或排斥行為，另一方認為性別歧視是性別排斥與權利不均的綜合結果。然而，若採用後者的定義，由於男性普遍較女性握有較多權力，社會中便不該有對於男性的歧視存在。

性積極女性主義

性積極女性主義源自於一九八〇年代，是對於當時反色情女性主義者的回應。反色情女性主義者認為，男性與女性之間的性關係尤其是一種不對等的權力關係：娼妓與色情影片在壓迫女性的議題上扮演了重要的角色。與之相反的是，性積極女性主義強調了女性的性自主，因此拍攝色情影片、從事性工作與其他常被認為不入流的工作都不是問題——前提是出於自願。

蕩婦羞辱

若女性因其放縱的性行為受到批評，便涉及了蕩婦羞辱。這是一種社會的雙重道德標準，因為人們往往能夠接受男性與許多人發生過性關係，女性卻不行。

蕩婦遊行

一個人是否是性侵與性騷擾的受害者，與他的衣著無關。然而，經常有受害當事人被指責須承擔部分責任，例如認為穿迷你裙是在挑逗對方。蕩婦遊行是一個反對檢討受害者的抗議活動，活動宗旨是：侵害行為的錯在加害者，而非受害者。

跨性別

跨性別（Trans）意味著一個人無法對於自己出生時被賦予的性別感到認同，例如跨性別女性即是在出生時被認為是男性的女性，而與跨性別相對的概念是順性別。

檢討受害者

此概念尤其針對性暴力，指的是加害者與受害者角色的顛倒，例如受害當事人可能因喝醉或穿短裙而受到指責，並被認為須承擔全責或部分責任，如此一來，焦點反而不在加害者身上。

國家圖書館出版品預行編目資料

女性主義【21世紀公民的思辨課】/朱莉安娜・弗里澤 著；趙崇任 譯. --初版.--臺北市：平安文化, 2020.11
面；公分. --(平安叢書；第665種)(我思；4)
譯自：Feminismus
ISBN 978-957-9314-75-6(平裝)

1.女性主義

544.52　　109014867

平安叢書第0665種

我思04

女性主義

21世紀公民的思辨課

Feminismus

作　者—朱莉安娜・弗里澤
譯　者—趙崇任
發 行 人—平雲
出版發行—平安文化有限公司
台北市敦化北路120巷50號
電話◎02-27168888
郵撥帳號◎18420815號
皇冠出版社(香港)有限公司
香港銅鑼灣道180號百樂商業中心
19字樓1903室
電話◎2529-1778　傳真◎2527-0904
總 編 輯—許婷婷
內頁設計—李偉涵
著作完成日期—2017年
初版一刷日期—2020年11月
初版三刷日期—2023年4月
法律顧問—王惠光律師

讀者服務傳真專線◎02-27150507
電腦編號◎576004
ISBN◎978-957-9314-75-6
Printed in Taiwan
本書特價◎新台幣299元/港幣100元